Rudolf Schmidt's

Schlesischer Schulatlas

40 Haupt- und 60 Nebenkarten
auf 40 Kartenseiten

herausgegeben von
BERTOLD WAWRZIK
Rektor in Breslau

MELCHIOR
Historischer Verlag

Begleitwort für den Schlesischen Atlas.

Dieser Atlas will dem geographischen Unterrichte der Volksschule einfache, klare und deutliche Kartenbilder bieten. Die Zahl der **Maßstäbe** ist aufs äußerste beschränkt.*) Sowohl diese als auch die den Schiffahrtslinien beigegebenen Fahrzeiten, ferner die auf der Karte von Amerika verzeichneten Zehngrad-Größen, sowie die Höhen- und Längenangaben auf S. 36 sollen ein beständiger Hinweis sein auf die bedeutenden Größenverhältnisse, von denen die Karte nur ein winziges Abbild ist. Als **Nullmeridian** ist auf allen Karten nur der von **Greenwich** angegeben. Die Eintragung der Kartenelemente geschah nach dem Grundsatze: „**Nicht soviel als möglich, sondern so wenig als tunlich.**" Die Generalisierung berücksichtigt das kindliche Verständnis. Ohne das **politische** Element zu vernachlässigen, wurde mit allem Fleiße dahin gestrebt, die **Grundzüge des Bodenreliefs** für das Schülerauge leicht erkennbar zu machen. Über die Wiedergabe der Bodenerhebung belehren die beiden Tafeln „**Jerusalem**" (von tief eingeschnittenen Tälern begrenzte Plateauzunge mit Stadt) und „**Palästina**" (Küstenebenen, Hochgebirge, welliges Plateau, Längental, Quertäler, Binnenmeer, hochgelegenes Steppenland), sowie Bild und Karte vom **Rhônegletscher** (Hochgebirgsgipfel, Alpenstraße, Gletscher, Schneefelder, Alpenfluß usw.). Die Durchschnittzeichnungen auf S. 2, 3 und 7 kommen der Belehrung über **relative und absolute Höhe** zu Hilfe und führen sämtliche im Atlas zur Anwendung gebrachten Höhenschichten, sowie die Stufen eines Flußtales vor Augen. Die Profile auf S. 36, bedeutsame Typen darstellend, geben in Verbindung mit einigen wichtigen **Höhenlinien** und **Meerestiefen** über die allgemeinen Verhältnisse des Reliefs unserer Erde Aufschluß. Die **Flußgebietskarte** S. 8 soll die individuellen Züge im Bau der deutschen Flußsysteme zur Anschauung bringen. Als Ergänzung wurden 3 Karten von typischen Flußmündungen beigefügt. Die **3 Geschichtskarten** S. 9 berücksichtigen Deutschland als Walstatt der wichtigsten europäischen Völkerkämpfe, sowie als geistigen Mittelpunkt unseres Erdteils. Die Karte S. 36, durch eine Angabe der **Tageslängen** und **Sonnenhöhen** erweitert, unterstützt die Belehrung über die wesentlichsten **Ausgleichungsmittel der Temperaturen** (Meeresströmungen, Bodenerhebung in der Nähe der Wendekreise). Mit jener Beigabe wurden die **Beleuchtungszonen** bestimmt, während die **Temperaturzonen** durch die bedeutungsvollen **Isothermen** 0° (Grenze zwischen „Wärme" und „Kälte", beständiges Bodeneis) und 20° (ungefähr Polargrenze der Palmen) begrenzt sind. Die Bezeichnung der **Tageslängen** und **Sonnenhöhen** soll ferner auf die Breitenkreise als Linien gleicher Sonnenhöhe und Tageslänge hinweisen, während die **Tagesstunden** am unteren Kartenrande die Längenkreise als Linien gleicher Tageszeit erkennen lassen. Auch die Figuren zur **mathematischen Geographie** wurden nach methodischen Erwägungen zusammengestellt. Insbesondere sei auf den Versuch hingewiesen, das nach Jahreszeit und Tagesstunde verschiedene Gesicht unseres **Sternenhimmels** in Beziehung zu setzen zu der **Bewegung** unserer **Erde** um die Sonne und um sich selbst. Die aufklärende Vergleichung der Ansichten von oben (Hauptfigur) und von der Seite (Figuren 1—3) wird durch entsprechende Lage der Figuren erleichtert. Endlich sei hingewiesen auf die **graphischen Darstellungen zur Flächenvergleichung** S. 5, 10/11 u. 13, auf die eingezeichneten **wichtigsten Schienenwege**, sowie auf die Ausstattung des Kartenrandes mit **Orts-** und **Zeitangaben** zur Vergleichung geographischer Breiten und Längen. Dem Grundsatze der Vergleichung entsprechen auch die Bemerkungen über die Planeten S. 5. Durch die vorgenommenen Verbesserungen, zu denen auch das zweckmäßig eingerichtete Inhaltsverzeichnis gehört, dürfte der Atlas an Brauchbarkeit gewonnen haben. Dank des außerordentlichen Entgegenkommens der Verlagsbuchhandlung ist es möglich geworden, den Atlas um 4 Kartenseiten zu erweitern. Die eingefügten Doppelkarten „**Nordseeländer**" und „**Mittelmeerländer**", sowie die Karte der **deutschen Schutzgebiete** werden sicher willkommen geheißen werden, wie die Kärtchen zum „**Tell**", zur „**Hansa**", zur **Entwickelungsgeschichte** der **Nordsee**, ferner die Darstellung der **Wanderdünen** und endlich die des Verlaufs der **Januar-** und **Julitemperatur** in **Europa**. Um eine leichtere Handhabung des Atlas zu ermöglichen, wurden die meisten Karten hochgestellt. Dadurch wurde zugleich Raum gewonnen für wichtige Ergänzungskarten (Trichter-, Haff-, Delta-Mündung, Niederschlagsmenge, Verteilung der landwirtschaftlichen und industriellen Bevölkerung auf S. 8, Kriegsschauplatz in Frankreich 1870/71 auf S. 9, Völkerverteilung S. 36). Im heimatkundlichen Teile sind außer der Übersichtskarte von Schlesien einige eigenartige Landschaftsgebiete dargestellt, nämlich die Mittelschlesische Ebene, der Oberschlesische Industriebezirk, das Riesengebirge und das Glatzer Gebirge. Die Höhenverhältnisse werden durch zwei Querschnitte durch Schlesien veranschaulicht. Die verschiedenen Verkehrswege sind überall berücksichtigt. Der Kulturgeographie ist durch eine Industriekarte und eine Übersichtskarte der Sprachenverbreitung Rechnung getragen. Den heimatkundlichen Unterricht soll auch das Wappen von Schlesien beleben, womit das Titelblatt geschmückt ist.

Leipzig und Breslau, im April 1912.   **Rudolf Schmidt. Bertold Wawrzik.**

---

*) Bei Benutzung des **Kartenmaßstabes** muß man sich erinnern, daß 1 Kilometer = 1 Million Millimeter ist. Demnach bedeutet bei einem Maßstabe 1 : 1 Million 1 mm auf der Karte 1 km in Wirklichkeit. Auf den Karten „Deutschland" und „Österreich-Ungarn" im Verhält. 1 : 4 Mill. (= Glob. v. 3,2 m Durchm.) ist 1 mm = 4 km, 1 cm = 40 km (Leipzig-Altenburg).

„	„	„Einzelländer Europas"	„	„	1 : 6	„	(= „ „ 2,1 „	„	„ 1 „ = 6 „ 1 „ = 60 „	(„	Köthen).
„Europa" und „Vereinigte Staaten"			„	„	1 : 25	„	(= „ „ 0,50 „	„	„ 1 „ = 25 „ 1 „ = 250 „	(„	Würzburg).
„Die übrigen Kontinente"			„	„	1 : 50	„	(= „ „ 0,25 „	„	„ 1 „ = 50 „ 1 „ = 500 „	(„	Metz).

Im Anschluß an vorliegenden Volksschul-Atlas sind im gleichen Verlage erschienen:

Velhagen & Klasings

Physische Schulwandkarte | Politische Schulwandkarte
von Deutschland

in Übereinstimmung mit dem **Volksschul-Atlas** von R. Schmidt unter Mitwirkung von **K. Jacob**, Lehrer in Leipzig, bearbeitet und herausgegeben von der **Geographischen Anstalt** von **Velhagen & Klasing** in Leipzig. Maßstab 1 : 800 000. Preis jeder Karte: In 6 Blatt M. 16,—. Aufgezogen auf Leinen und mit Stäben M. 24,—. Aufgezogen auf Leinen und mit Stäben, sowie mit Patentverschluß M. 25,—. Format der aufgezogenen Karte: 195 cm hoch, 193 cm breit.

Rudolf Schmidt's

Schlesischer Schulatlas

40 Haupt- und 60 Nebenkarten
auf 40 Kartenseiten

herausgegeben von
BERTOLD WAWRZIK
Rektor in Breslau

Dieses seltene und gesuchte Atlaswerk
erscheint im Rahmen ausgewählter Literatur
als exklusive Reprint-Ausgabe in der
Historischen Bibliothek des Melchior Verlages.

Die Historische Bibliothek enthält wichtige
sowie interessante Bücher zur Geschichte
und lässt anhand dieser eindrucksvollen Zeitzeugen
bedeutende Ereignisse, Begebenheiten und Personen
aus längst vergangener Zeit wieder lebendig erscheinen.

Nachdruck der Originalausgabe von 1912
aus dem Verlag von Velhagen & Klasing
nach einem Exemplar aus Privatbesitz.

M
Reprint
© Melchior Verlag
Wolfenbüttel
2014
ISBN: 978-3-944289-41-0
www.melchior-verlag.de

INHALT

1. Mittelschlesische Ebene.   2. Oberschlesischer Industriebezirk.

Maßstab 1:250 000 (1 cm der Karte = 2,5 km der Natur)

Höhenschichten: 100–150   150–200   200–300   300–500 Meter über dem Meeresspiegel.

Eisenbahn
Straße

Industrien:

Woll - Industrie	Steinkohlenfelder
Leinen - Ind.	Braunkohlenfelder
Baumwoll - Ind.	Eisenhütten
Porzellan- u. Ton-Ind.	Eisenverarbeitung
Glas - Industrie	S Silber
Chemische Ind.	K Kupfer
Leder - Industrie	Z Zink
	B Blei

16° Östliche Länge von

Erklärungen
für die
Hauptkarte :

Erhebungen über 1000 Meter
" von 500 - 1000 "
" " 200 - 500 "
" " 100 - 200 "
" bis 100 "

STÄDTE mit über 100000 Einwohnern
Städte " 50 - 100000 "
Städte " 20 - 50000 "
Städte " 10 - 20000 "
Städte " 5 - 10000 "
Städte " unter 5000 "

PROV. SACHSEN

SCHLESIEN

Sprachenverbreitung
- Deutsche
- Polen
- Tschechen
- Wenden

Maßstab 1 : 1 250 000 der Natur

(1 cm der Karte = 12,5 km der Natur)

10   0   10   20   30   40   50   60   70   Kilometer.

(Die Schriftgrößen sind der entsprechend.)

Eisenbahn ———— Kanal
Provinz-Grenze ———— Regierungsbezirks-
Kreis-Grenze ———— Bruch
Regierungsbezirks Hauptorte sind
Kreis-Hauptorte einfach unterstrichen

Querschnitte durch Schlesien von Süd nach Nord. Längenmaßstab gleich dem der Karte, Höhenmaßstab 10 mal größer.

1 Riesengebirge
2 Glatzer Gebirge

Maßstab 1:500000
(1 cm der Karte = 5 km in der Natur)

Kilometer.

Höhenstufen:
100 – 200 Meter
200 – 500 „
500 – 1000 „
über 1000 „

5
Golf von Neapel
Maßstab 1:500000
(1 cm der Karte = 5 km in der Natur)
Kilom.

Maßstab 1:1000000 (1cm = 10km)
Kilometer

Höhenstufen.
Meerestiefen.

1 Fjordküste (Norwegen) 3 Schärenküste (Schweden)
2 Meeresstraße (Gibraltar) 4 Durchbruchstal (Bosporus)

0 - 50, 50 - 100 Meter (Karte 3)   200 - 500 Meter Hügelland   0 - 100 Meter
0 - 100   "   Tiefland   500 - 1500 "   Hochland   100 - 200   "   Flachsee
100 - 200   "   über 1500 "   tiefer als 200 Tiefsee

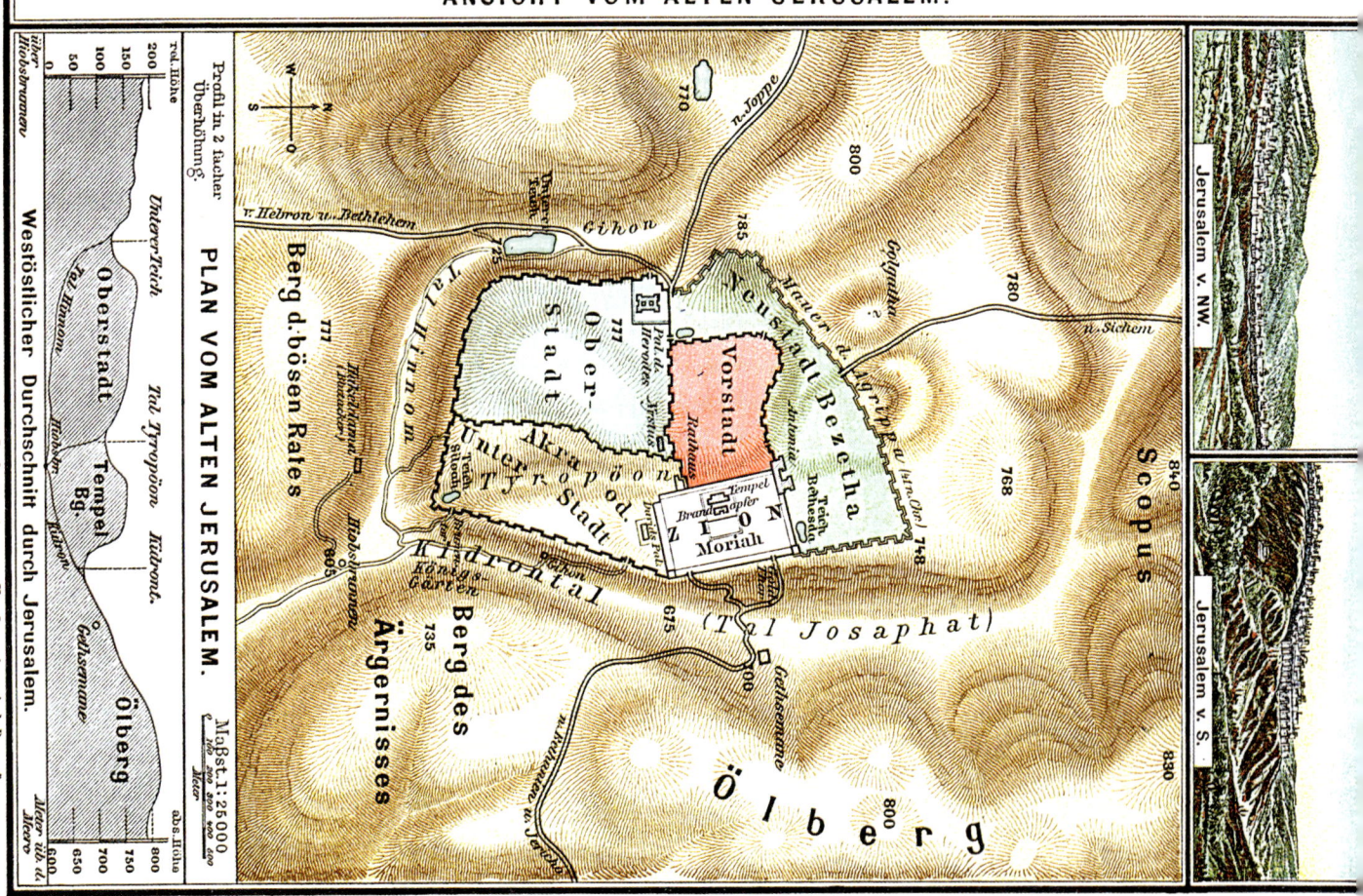

ANSICHT VOM ALTEN JERUSALEM.

PLAN VOM ALTEN JERUSALEM.

Maßstab 1:25000

Berg d. bösen Rates

Berg des Ärgernisses

Ölberg

Ober-stadt

Unter-stadt

Akra

Tyropöon

Vorstadt

Neustadt Bezetha

ZION

Moriah

Tempel

Tal Hinnom

Kidrontal

(Tal Josaphat)

Gihon

Golgatha?

n. Joppe

n. Sichem

Scopus

Jerusalem v. NW.

Jerusalem v. S.

Profil in 2 facher Überhöhung.

Unter-Teich

Oberstadt

Tal Tyropöon

Tempel Bg.

Ölberg

Westöstlicher Durchschnitt durch Jerusalem.

Vergleiche die Ansicht v. NW. mit dem Profilwert (125.2).; Um Jerusalem sind Berge.

Welchem Standpunkte entspricht das Wort von der „hochgebauten Stadt" (Ps. 87,1)?

Von wo aus erblickt man die Stadt vor den Füßen des Beschauers ausgebreitet?

1.Damaskus   3.Cäsarea Philippi   7.Bethsaida 9.Tiberias 13.Gadara   15.Samaria 17.Ebal 20.Ramoth Gilead 24.Nebo 26.Jerusalem   30.Totes Meer
2.Hermon 4.Dan 5.S.Merom 8.S.Genezareth 10.Kana 12.Tabor   16.Sichem 19.Arimathia 22.Jericho 25.Ölberg 28.Bethlehem   31.Berseba
6.Kapernaum   11.Nazareth 14.Nain   18.Garizim 21.Bethel 23.Emaus 27.Bethanien 29.Hebron

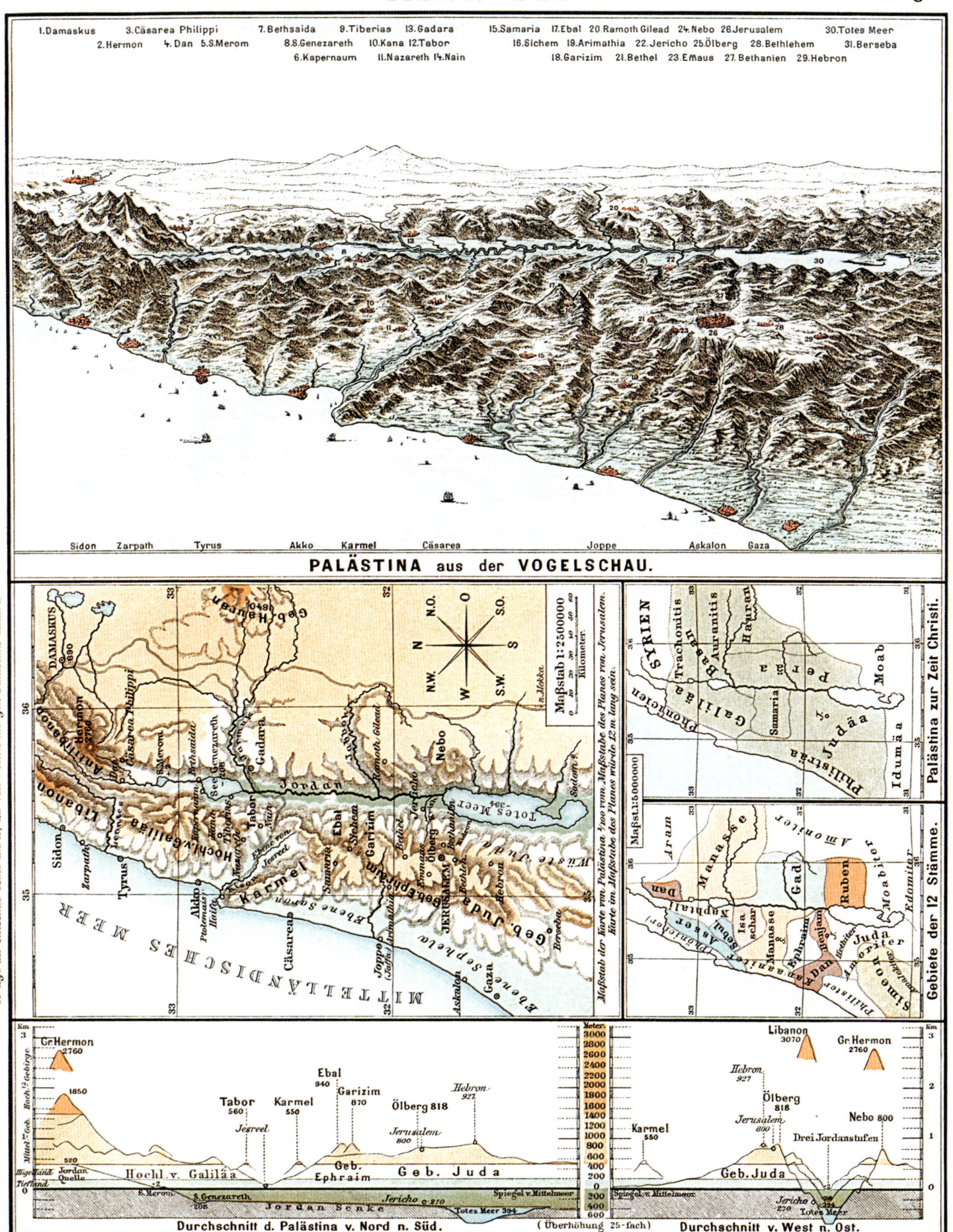

PALÄSTINA aus der VOGELSCHAU.

Merke dir die Bedeutung der hier angewandten Farbenstufen für alle späteren Gebirgskarten !

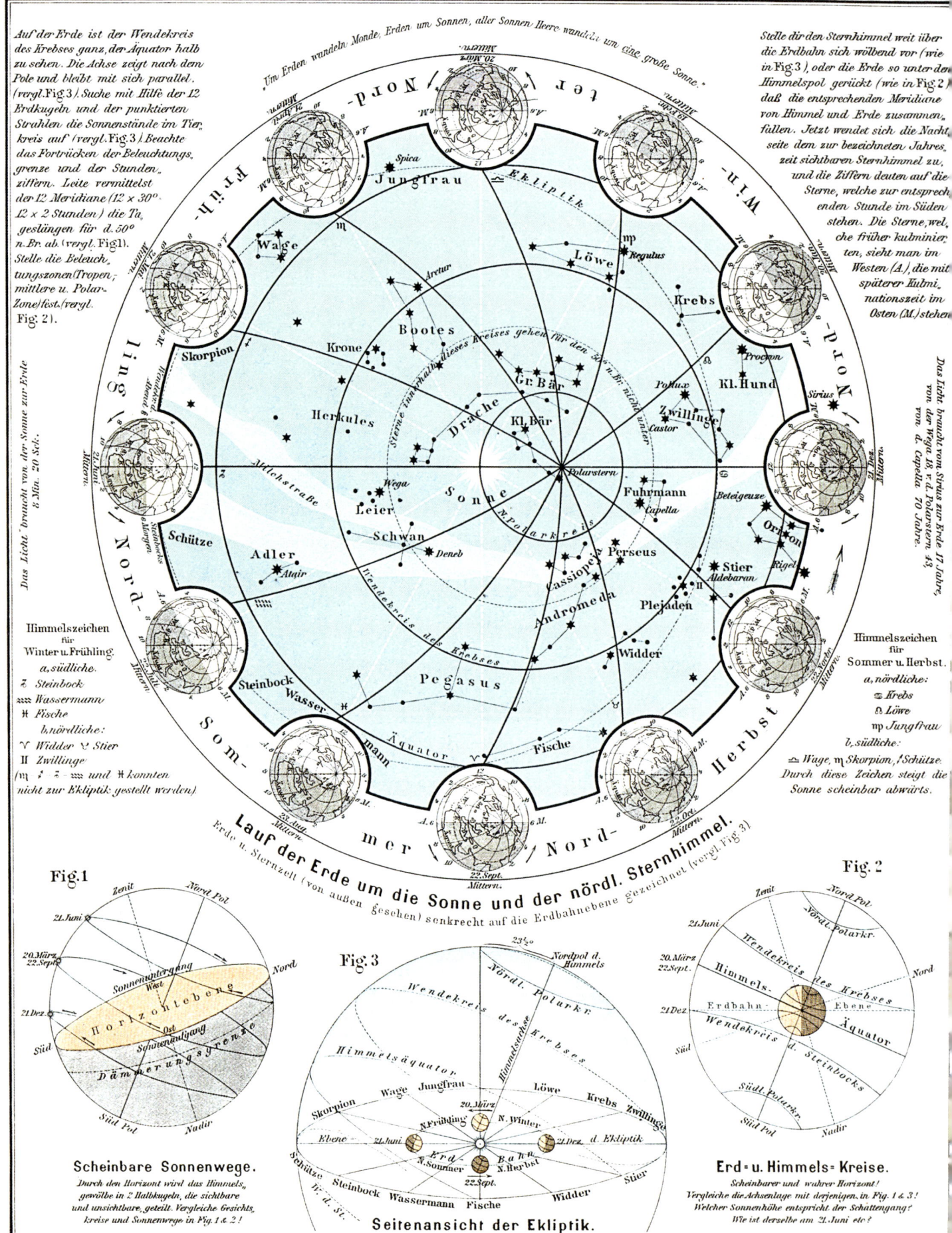

Auf der Erde ist der Wendekreis des Krebses ganz, der Äquator halb zu sehen. Die Achse zeigt nach dem Pole und bleibt mit sich parallel. (vergl.Fig.3). Suche mit Hilfe der 12 Erdkugeln und der punktierten Strahlen die Sonnenstände im Tierkreis auf (vergl.Fig.3). Beachte das Fortrücken der Beleuchtungsgrenze und der Stundenziffern. Leite vermittelst der 12 Meridiane (12 × 30°. 12 × 2 Stunden) die Tageslängen für d. 50° n.Br. ab (vergl. Fig.1). Stelle die Beleuchtungszonen (Tropen, mittlere u. Polar-Zone) fest (vergl. Fig. 2).

Himmelszeichen für Winter u. Frühling. a, südliche.
♑ Steinbock
♒ Wassermann
♓ Fische
b, nördliche:
♈ Widder ♉ Stier
Ⅱ Zwillinge
(♍ ♐ ♑ ♒ und ♓ konnten nicht zur Ekliptik gestellt werden).

Das Licht braucht von der Sonne zur Erde 8 Min. 20 Sek.

Stelle dir den Sternhimmel weit über die Erdbahn sich wölbend vor (wie in Fig.3), oder die Erde so unter dem Himmelspol gerückt (wie in Fig.2) daß die entsprechenden Meridiane von Himmel und Erde zusammenfallen. Jetzt wendet sich die Nachtseite dem zur bezeichneten Jahreszeit sichtbaren Sternhimmel zu, und die Ziffern deuten auf die Sterne, welche zur entsprechenden Stunde im Süden stehen. Die Sterne, welche früher kulminieren, sieht man im Westen (A.), die mit späterer Kulminationszeit im Osten (M.) stehen.

Das Licht braucht vom Sirius zur Erde 17 Jahre, von der Wega 18, v.d. Polarstern 43, von d. Capella 70 Jahre.

Himmelszeichen für Sommer u. Herbst. a, nördliche:
♋ Krebs
♌ Löwe
♍ Jungfrau
b, südliche:
♎ Wage, ♏ Skorpion, ♐ Schütze.
Durch diese Zeichen steigt die Sonne scheinbar abwärts.

Lauf der Erde um die Sonne und der nördl. Sternhimmel.
Erde u. Sternzeit (von außen gesehen) senkrecht auf die Erdbahnebene gezeichnet (vergl. Fig.3)

Fig.1

Scheinbare Sonnenwege.
Durch den Horizont wird das Himmelsgewölbe in 2 Halbkugeln, die sichtbare und unsichtbare, geteilt. Vergleiche Gesichtskreise und Sonnenwege in Fig. 1 & 2!

Fig.3

Seitenansicht der Ekliptik.

Fig.2

Erd= u. Himmels= Kreise.
Scheinbarer und wahrer Horizont! Vergleiche die Achsenlage mit derjenigen in Fig. 1 & 3! Welcher Sonnenhöhe entspricht der Schattengang? Wie ist derselbe am 21. Juni etc?

Pythagoras (560–490 v. Chr.) lehrte zuerst die Kugelgestalt der Erde; Aristoteles (384–322 v. Chr.) bewies sie aus dem Erdschatten.

5

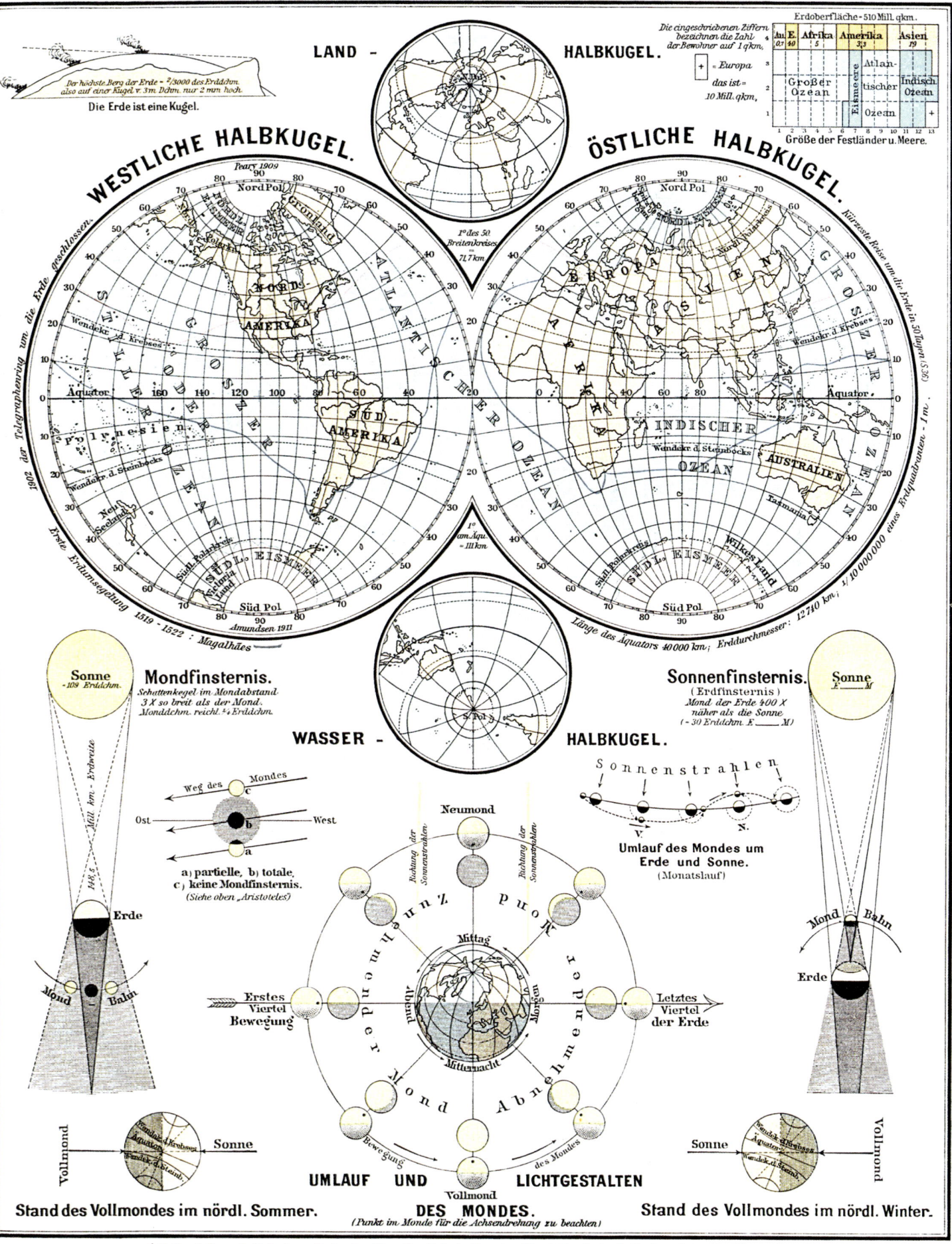

Der wahre Mittag fällt am 15. April, 15. Juni, 1. Septemb. u. 24. Dezember mit dem Mittag der Ortszeit des 15. Längengrades zusa

⚓ Beginn der

später.   14 Meridian für die mitteleurop. Zeit. 16   18   Wahrer Mittag ist 20 Min. 20 vor mitteleurop. Zeit.

Februar ist er ihr 14,5 Min., am 26. Juli 6 Min. nach; am 14. Mai ist er 4 Min., am 3. November 16 Min. voraus

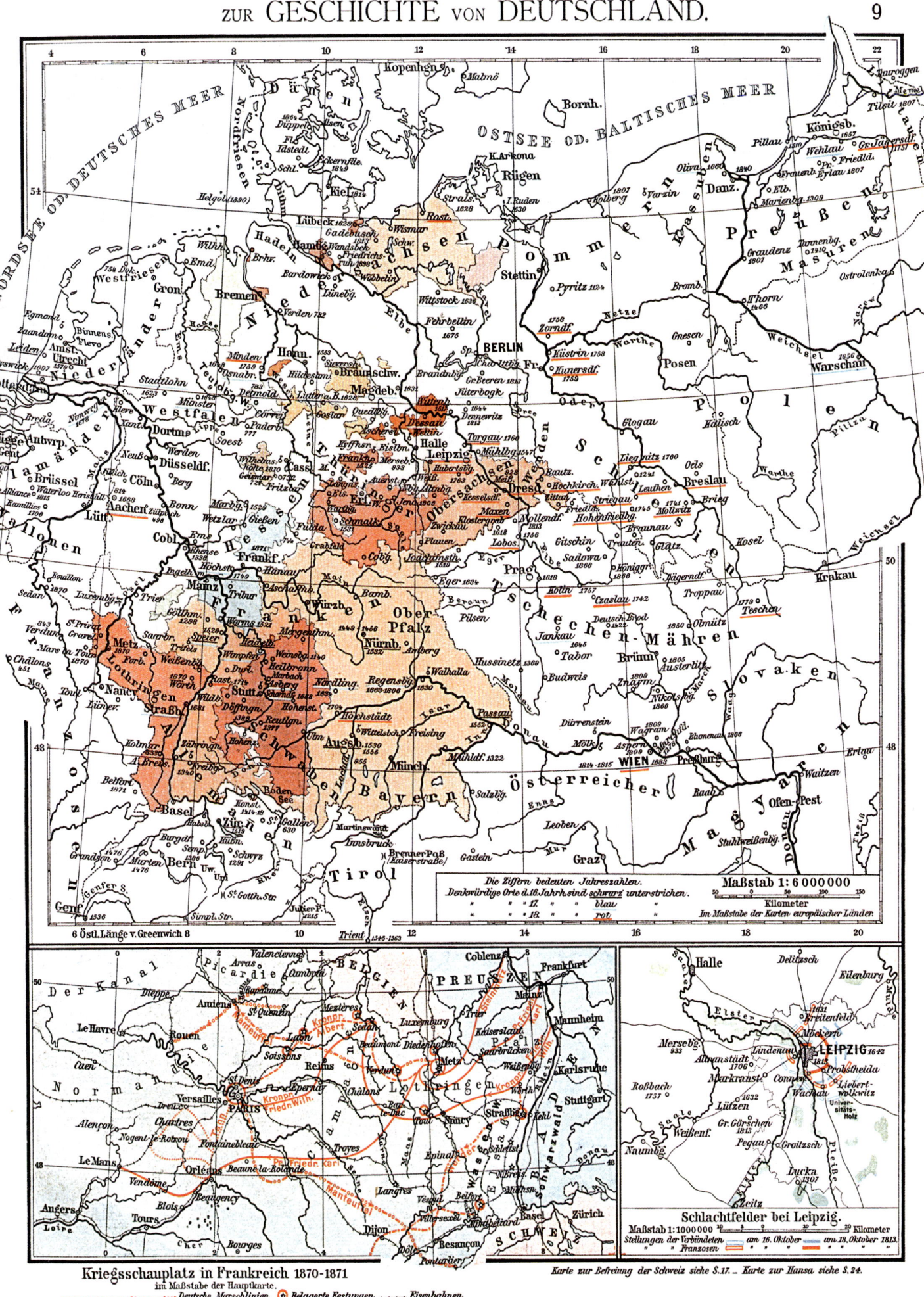

Die Ziffern bedeuten Jahreszahlen.
Denkwürdige Orte d.16.Jahrh. sind schwarz unterstrichen.
„ „ „ 17. „ blau „
„ „ „ 18. „ rot „

Maßstab 1:6 000 000
Kilometer
Im Maßstabe der Karten europäischer Länder.

Kriegsschauplatz in Frankreich 1870-1871
im Maßstabe der Hauptkarte.
Deutsche Marschlinien ○○○ Belagerte Festungen +++ Eisenbahnen

Schlachtfelder bei Leipzig.
Maßstab 1:1000000
Stellungen der Verbündeten am 16.Oktober am 18.Oktober 1813.
Franzosen

Karte zur Befreiung der Schweiz siehe S.17. — Karte zur Hansa siehe S.24.

Königreich
19
nordd. St. S.   Preußen
(Bayern)
Süddeutsche Staaten

54 Flächeninhalt des deutschen Reiches ver-
glichen mit dem des Königr. Sachsen (S.).
(Maßstab der Karte 13).

600 km

900 km

ORTE über 500000 Einw.
Orte " 100000 "
Orte " 50000 "
Orte " 10000 "
Orte unter 10000 "

10 000 qkm
=
⅔ d. Kön. Sachsen

Maßstab 1:4000000

Kilometer (1 cm = 40 km)
0   50   100   150   200

Höchster Sonnenstand über dem 51 Parallelkreis 62,5°, tiefster 15,5°. Großbritannien, Belgien u. Frankreich haben westeuropäische Zeit (1 Stunde nach mitteleurop

Achte auch auf die eingezeichneten Eisenbahnlinien (alle auf der Karte verzeichne

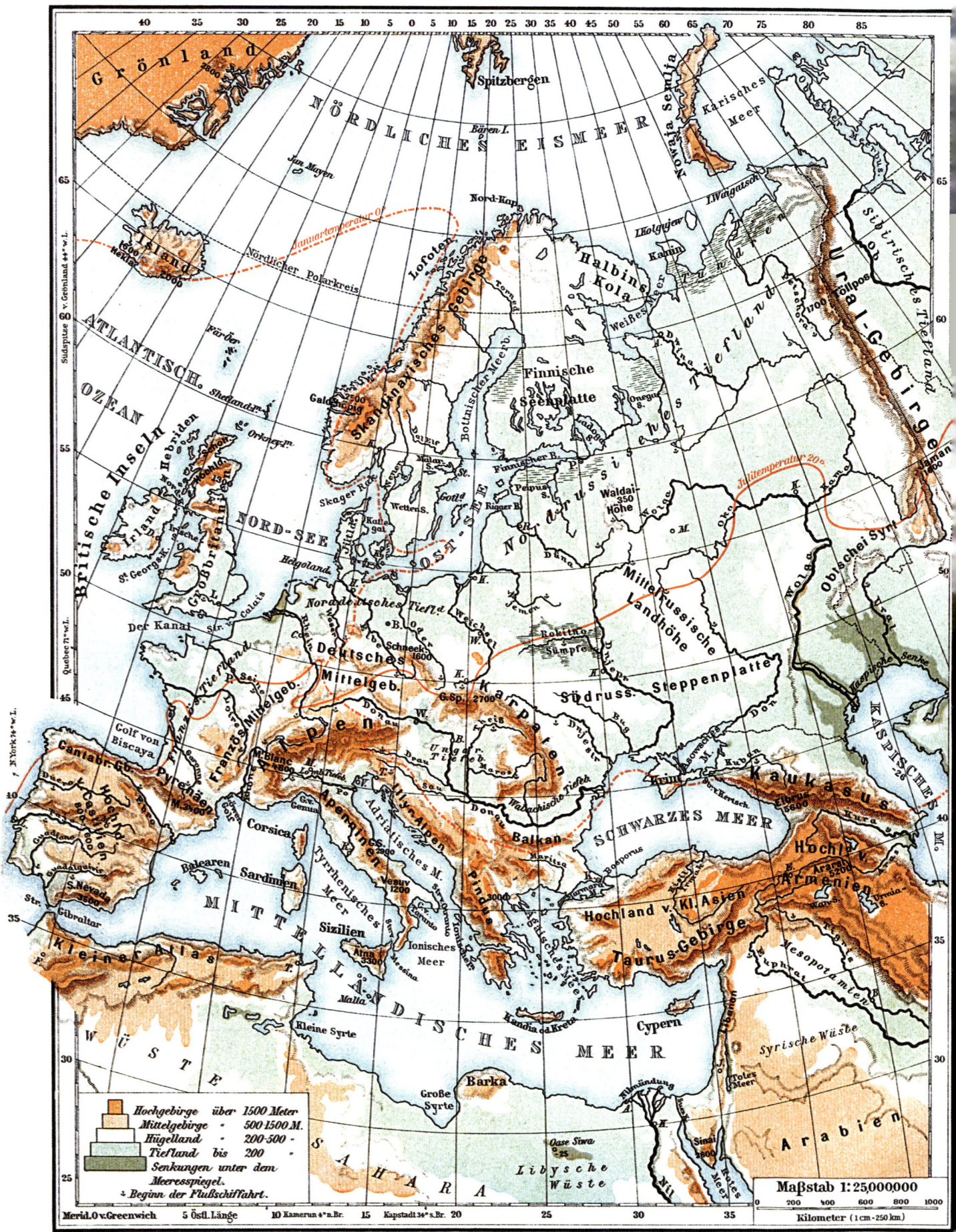

Maßstab 1:25000000

Kilometer (1 cm = 250 km)

Hochgebirge über 1500 Meter
Mittelgebirge 500-1500 M.
Hügelland 200-500 M.
Tiefland bis 200
Senkungen unter dem
Meeresspiegel.
⊹ Beginn der Flußschiffahrt.

Die Wärmelinien lassen die gemäßigte Winter- u. Sommertemperatur des N.-Westens und die großen Unterschiede zwischen Sommer- u. Wintertemperatur im Osten erkennen!
Siehe die Beleuchtungs- u. Wärmezonen, die Berghöhen u. Flußlängen auf S. 36.

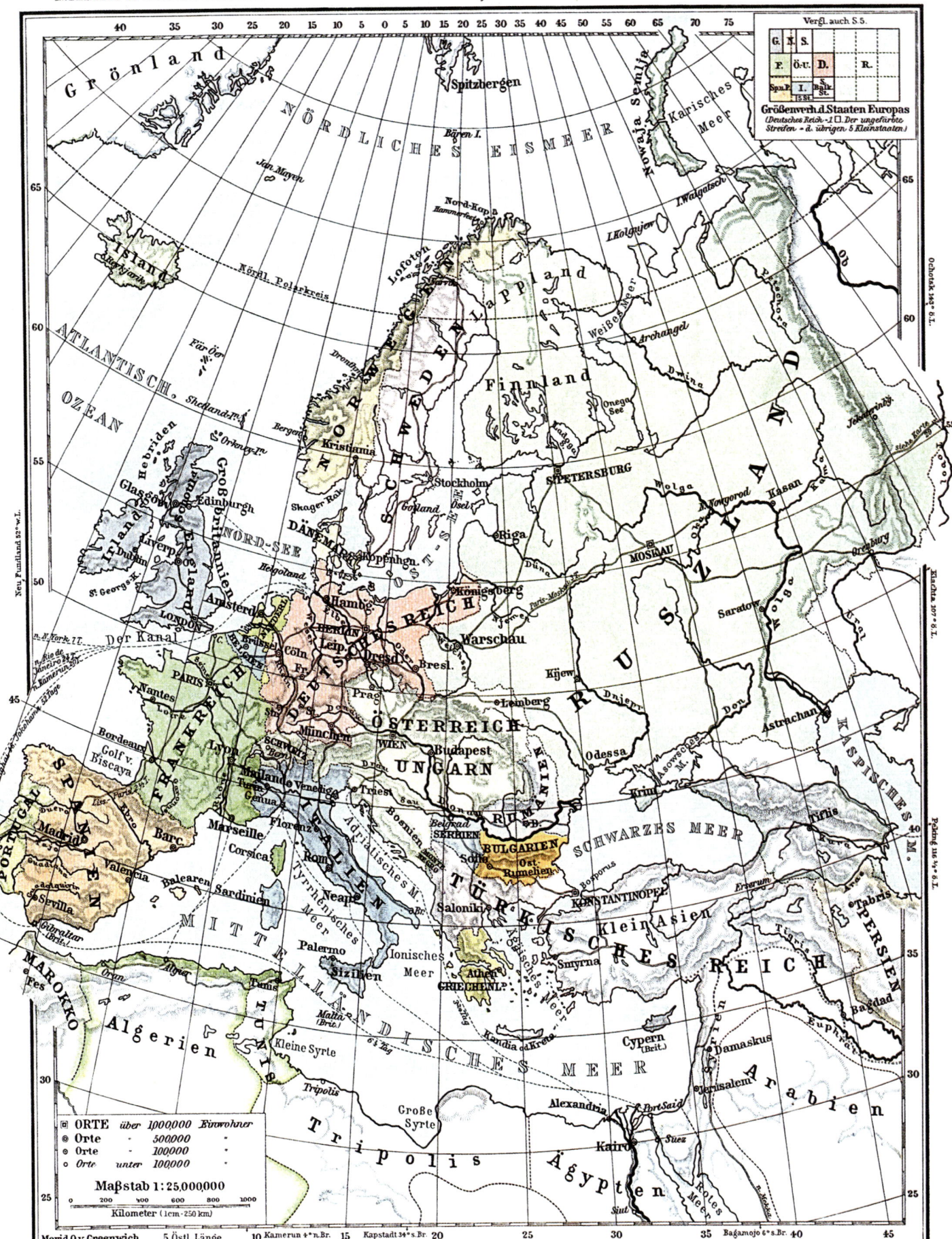

Welchen Weg nimmt der Orientexpreßzug? Verfolge die westöstliche Eisenbahnlinie weiter auf S.29. Welche Alpenbahnen liegen in den Linien: Amsterdam-Genua, Berlin-Brindisi, Breslau-Triest, Lyon-Genua?

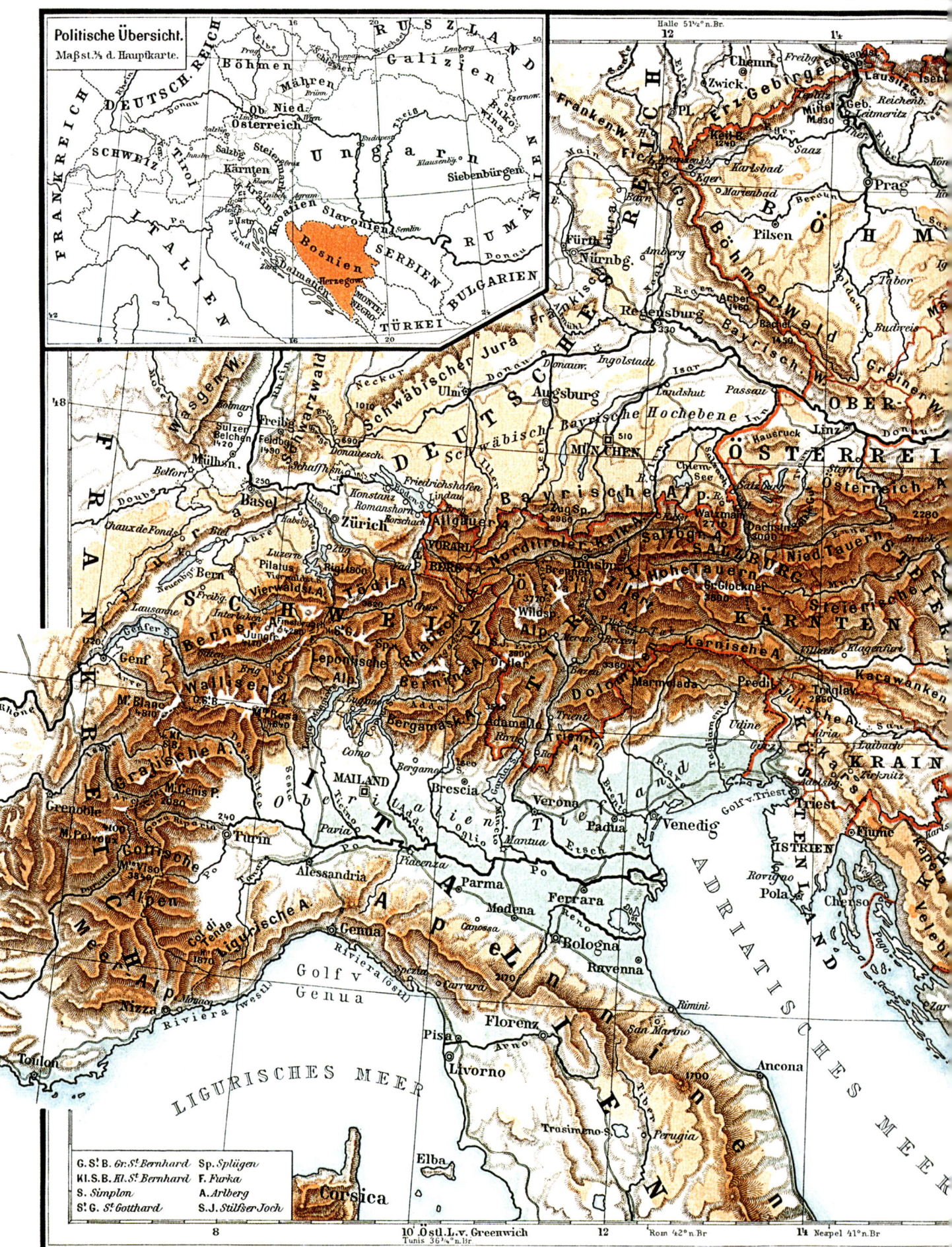

Politische Übersicht.
Maßst.⅓ d. Hauptkarte.

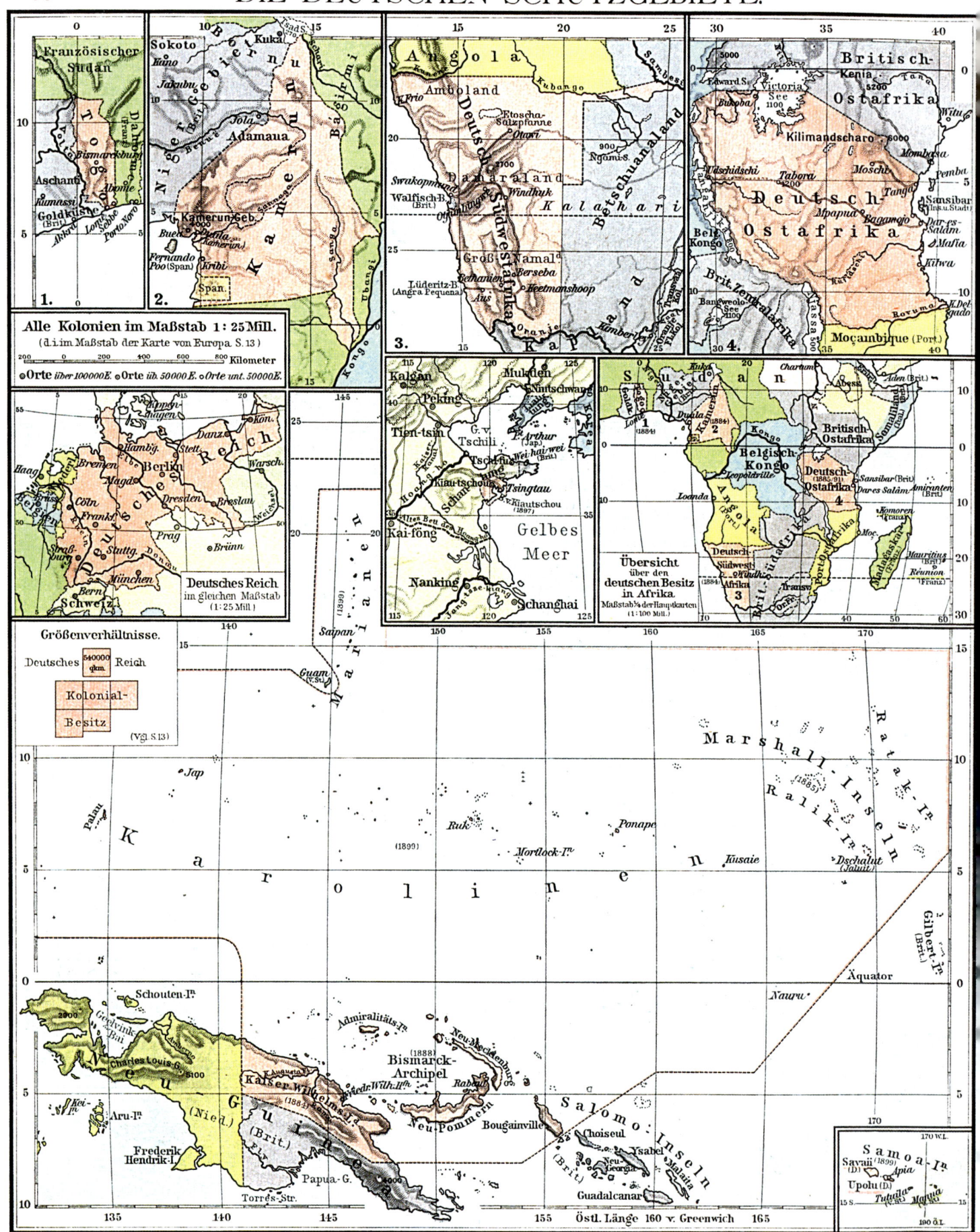

1. Französischer Sudan — Togo — Dahome (Franz.) — Aschanti — Goldküste (Brit.) — Kumasi — Akkra — Lome — Sebe — Porto Novo — Abome — Bismarckburg

2. Sokoto — Nigergebiete (Brit.) — Bornu — Kuka — Kano — Jakubu — Adamaua — Jola — Bagirmi — Kamerun — Kameruner Geb. — Kamerun — Buea — Kribi — Fernando Poo (Span.) — Span. — Ubangi — Kongo — Sanga

3. Angola — Amboland — Deutsch-Südwestafrika — K. Frio — Etoscha-Salzpfanne — Otavi — Kubango — Sambesi — Betschuanaland — Ngami-S. — Kalahari — Swakopmund — Walfisch-B. (Brit.) — Otjimbingue — Windhuk — Damaraland — Groß-Namaland — Lüderitz-B. (Angra Pequena) — Bethanien — Berseba — Keetmanshoop — Aus — Oranie — Kapland

4. Britisch-Kenia — Britisch-Ostafrika — Victoria See — Edward S. — Bukoba — Kilimandscharo — Mombasa — Udschidschi — Mpapua — Moschi — Tabora — Tanga — Sansibar (Stadt u.) — Deutsch-Ostafrika — Bagamojo — Belg. Kongo — Dar-es-Salam — Mafia — Brit.Zentralafrika — Nyassa — Kilwa — Bangweolo See — Rovuma — K. Delgado — Moçambique (Port.)

Alle Kolonien im Maßstab 1:25 Mill.
(d. i. im Maßstab der Karte von Europa S. 13)
200   0   200   400   600   800 Kilometer
● Orte über 100000 E. ● Orte üb. 50000 E. ● Orte unt. 50000 E.

Deutsches Reich — Kjöppenhagen — Kön. — Danzig — Hamburg — Stett. — Warsch. — Haag — Bremen — Berlin — Magd. — Breslau — Cöln — Dresden — Frankf. — Prag — Straßburg — Stuttg. — München — Donau — Brünn — Bern — Schweiz
Deutsches Reich im gleichen Maßstab (1:25 Mill.)

Kalgan — Mukden — Peking — Niutschwang — Tien-tsin — G. v. Tschili — Port Arthur (Jap.) — Tschifu — Wei-hai-wei (Brit.) — Kiautschou — Tsingtau — V. Kiautschou (1897) — Kai-föng — Illes Bett des Hoangho — Gelbes Meer — Nanking — Schanghai

Größenverhältnisse.
Deutsches 540000 qkm Reich
Kolonial-Besitz
(Vgl. S. 13)

Sudan — Chartum — Abess. — Aden (Brit.) — Logon — Dikoa (1884) — Kamerun — Kongo — Britisch-Ostafrika — Somaliland — Belgisch-Kongo — Leopoldville — Deutsch-Ostafrika — Sansibar (Brit.) — Dares Salám — Amiranten (Brit.) — Loanda — Angola (Port.) — Deutsch-Südwest-Afrika (1884) — Windhuk — Komoren (Franz.) — Moç. — Transvaal — Port. Natalia — Mauritius (Brit.) — Reunion (Franz.) — Madagaskar (Franz.)
Übersicht über den deutschen Besitz in Afrika. Maßstab ¾ der Hauptkarten (1:100 Mill.)

Marianen — Saipan — Guam (V. St.) — Jap — Palau — Karolinen — Ruk — (1899) — Mortlock-I. — Ponape — Kusaie — Marshall-Inseln — Ratak-Ins. — Ralik-Ins. — (1885) — Dschalut (Jaluit) — Gilbert-I. (Brit.) — Äquator — Nauru

Schouten-I. — Geelvink-Bai — Admiralitäts-Ins. — Neu-Mecklenburg (1888) — Charles Louis G. — Aru-Ins. — Kei-I. — Neu-Guinea (Nied.) — Kais. Wilhelms-L. (1884) — Friedr. Wilh.-H. — Bismarck-Archipel — Rabaul — Frederik Hendrik-I. — Neu-Guinea (Brit.) — Neu-Pommern — Bougainville — Salomo-Inseln — Choiseul — Ysabel — Malaita — Papua-G. — Torres-Str. — Neu-Georgia — Guadalcanar

Östl. Länge 160 v. Greenwich

Samoa-In. — Savaii (1899) (D.) — Apia — Upolu (D.) — Tutuila (D.) — Manua — 170 W.L. — 190 ö.L.

Abkürzungen: D. Deutsch · Brit. Britisch · Franz. Französisch · Jap. Japanisch · Nied. Niederlandisch · Port. Portugiesisch · Span. Spanisch · V.St. Vereinigte Staaten v. Amerika.
Zur Lage der Samoa-Inseln vgl. S. 33.

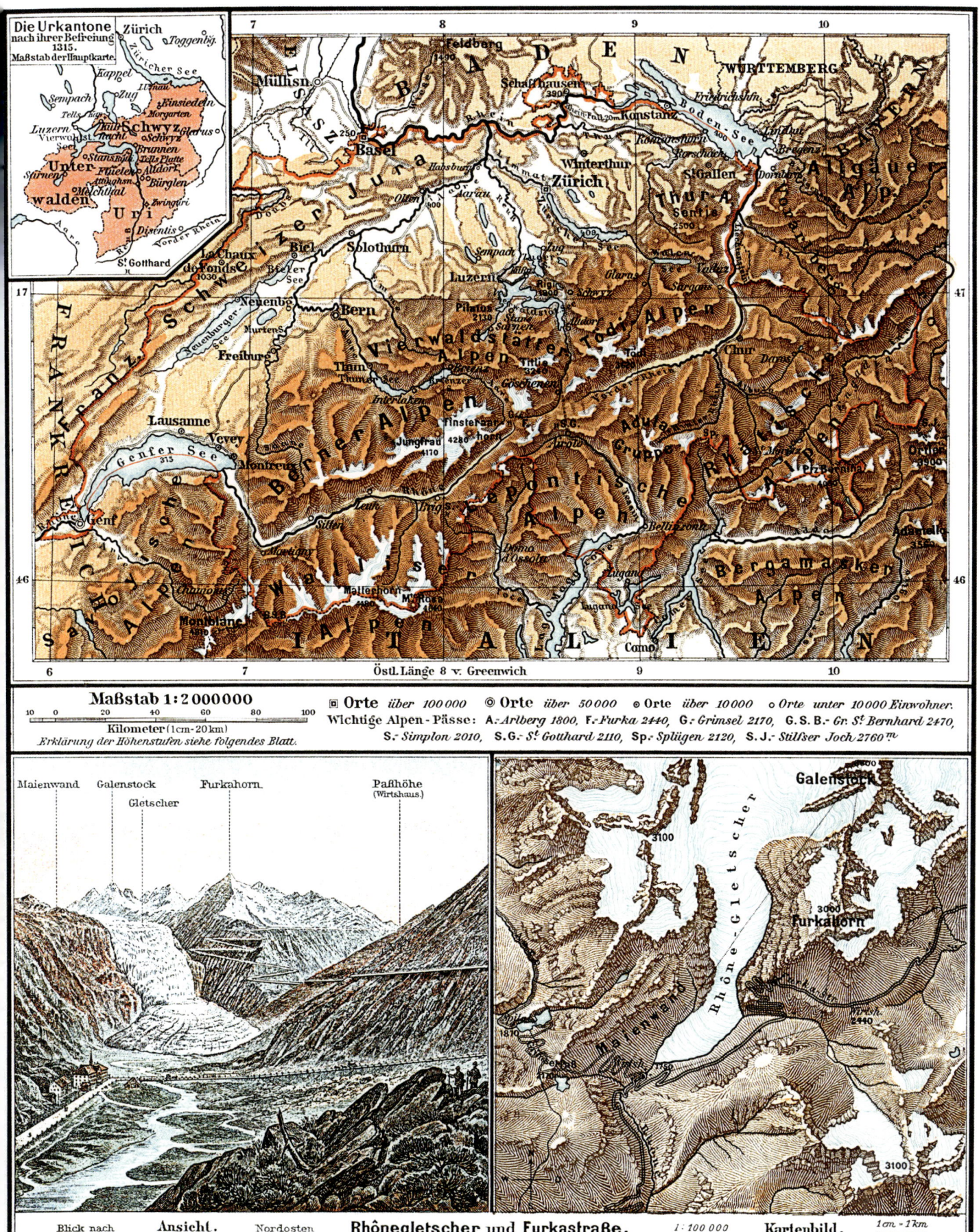

Die Urkantone nach ihrer Befreiung 1315. Maßstab der Hauptkarte.

Maßstab 1:2 000 000

Kilometer (1cm = 20km)
Erklärung der Höhenstufen siehe folgendes Blatt.

☐ Orte über 100 000   ◎ Orte über 50 000   ⊙ Orte über 10 000   ○ Orte unter 10 000 Einwohner.
Wichtige Alpen-Pässe: A.= Arlberg 1800, F.= Furka 2440, G.= Grimsel 2170, G.S.B.= Gr. St Bernhard 2470,
S.= Simplon 2010, S.G.= St Gotthard 2110, Sp.= Splügen 2120, S.J.= Stilfser Joch 2760 m.

Blick nach   Ansicht.   Nordosten   Rhônegletscher und Furkastraße.   1:100 000   Kartenbild.   1cm = 1km

Im Kartenbild ist durch punktierte Linien das vom Maler dargestellte Gebiet abgegrenzt.

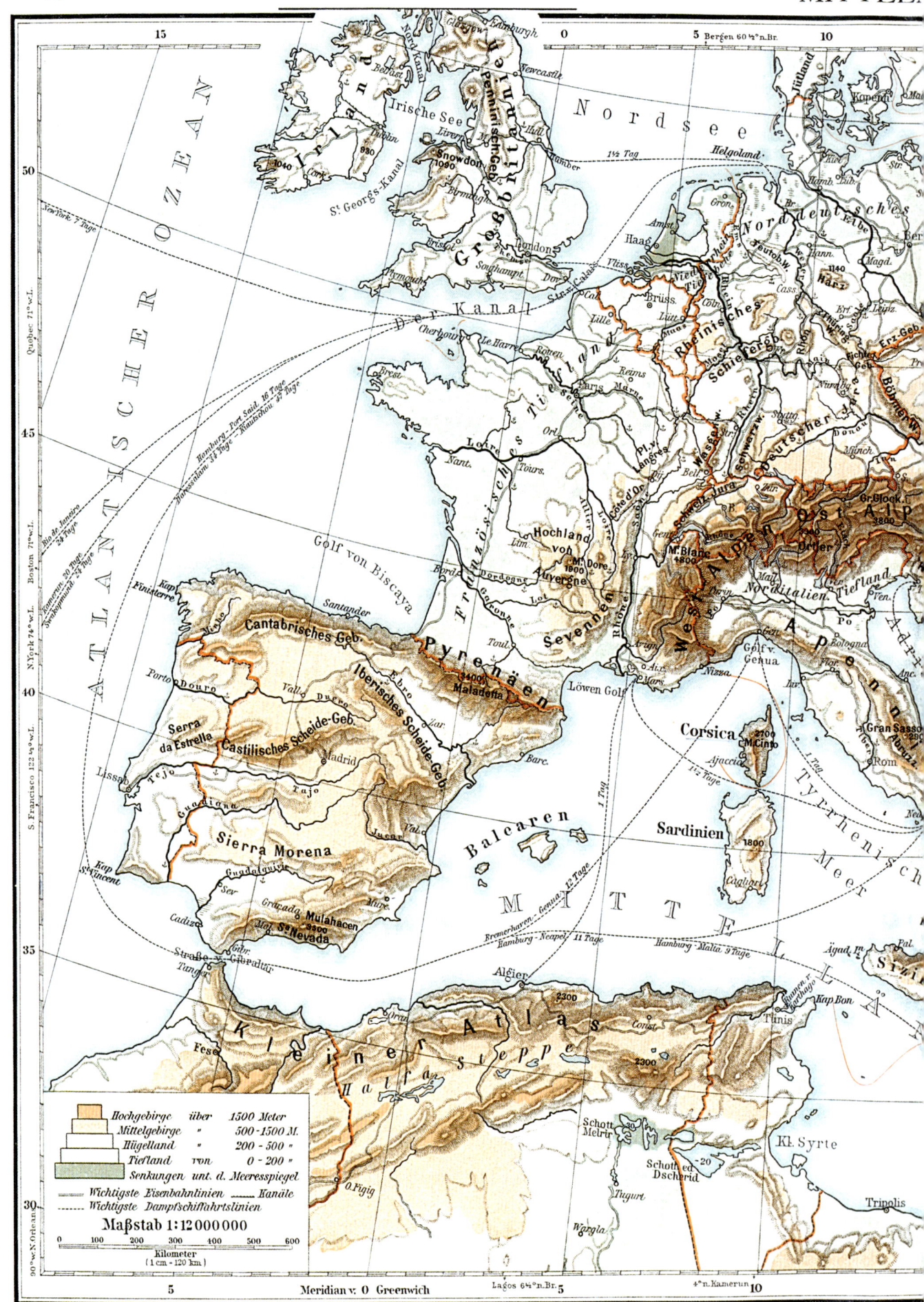

„Nur die Mittelländische See hat unserer Erde ein Phönizien u. Griechenland, Etrurien u. Rom, ein Spanien u. Karthago gegeben

Stockholm 59°n.20   25   30 St Petersbg. 60° n.Br.   35   Moskau 55¾°n.Br. 40   45

Memel

tsee

Dünabg.

Düna

Witebsk

Mittelrussische Landhöhe

Tula

Pensa

Memel od. Njemen

Wilna

Dnjepr

Beresina

Orel

Don

Saratow

Wolgaufer

Wiesenufer

Danz.

Kön.

Bronbg.

Weichsel

Bug

Pripet

Desna

50

Fos.

Warthe

Warschau

Rokitno

Charkow

320

Breslau

Lodz

Sümpfe

Hjew

Donez

Don

Polnische

Lublin

Berditschew

Dnjepr

Rostow

Wolga

Platte

Weichsel

Lemberg

45

Karpaten

Tatra 2700

Pruth

Dnjestr

Südrussische

Steppenplatte

280

Ungar. Erzgeb.

Czern.

Jassy

Kisch.

Cherson

Asowsches

Kuban

Jekat.

Obert.

Tiefebene

Bud.

Debr.

Hochld. v.

Siebenbg.

Od.

Meer

Str. v. Kertsch

Kaukasus

Bakony W.

Donau

Theiss

Bihar G.

Alt

1700

Elbrus 5600

Niederungarische

Maros

Transsilvan. Alpen

Konstanza

Krim

Sewast.

Schwarzes Meer

Batum

Tiefebene

Walachische Tiefebene

Bukar.

40

Donau

Rust.

2 Tage

Trap.

Pontisches Gebirge

Penng 116½°ö.L

Balkan

Warna

Paphlagonien

(Pontus)

Armenien

Wladiwostok 132°ö.L.

Dinarische

Alpen

Sar.

2500

Dormitor

Schar p.

Nisch

Sof.

Maritza

Rhodope Geb.

Bosporus

Konst.

Skut.

Marmara M.

Isnik (Nicäa)

Bithynien

Angora

Galatien

Halis Irmak

Kappadocien

Erdschies

4000

Kisil Irmak

Taurus Gebirge

Euphrat

Kizogan

Erserum

Diarbekr

Tigris

2500

Meer

Str. v. Otranto

Brindisi

Tar.

Golf v. Tarent

Pindus Geb.

Olymp 3000

Ionische Inseln

Salon.

Salon.

Philippi

Vard.

Brussa

Mysien

Bergama

(Pergamon)

Hochland von Klein-Asien

Eski

Konia

Lycaonien

Ephesus

Smyrna

(Lydien)

(Pisidien)

Pamphylien

Karien

(Lycien)

Antiochia

Orontes

Aleppo

Palmyra

Syrische Wüste

Kabul 69°ö.L

35

Ionisches

Meer

Morea

Euböa

Ägäisches Meer

Patmos

Rhodos

Salamis

2000

Cypern

Beirut

Sidon

Tyrus

Libanon

3000

Dam.

Kap Matapan

Neapel-Athen 2½ Tage

2 Tage

4 Tage

3½ Tage

Ida 2500

Kreta od. Kandia

Cäsarea

Jordan

Totes M. 394

Schanghai 121½°ö.L.

30

Große Syrte

Cyrene

Bengasi

Barka

Nil-Mündungen

Alex.

Port Said

Kairo

Suez

Suez Kanal

25   26° s.Br. Pretoria 30   35

"und durch die vier ersten dieser Ufer ist alle Kultur Europas worden."   Joh. v. Müller.

Zur Lage u.Größenvergleichung siehe S.13.

Griechenland rechnet nach der Zeit von Athen (36 Min.vor mitteleurop.Zeit); Rumänien,Bulgarien u. die östliche Türkei haben osteuropäische Zeit (1Stunde vor mitteleurop.Zeit);
Serbien,Bosnien und die westliche Türkei haben mitteleuropäische Zeit.

NEAPEL und UMGEBUNG.
Maßstab 1:1000000.

Hochgebirge üb. 1500 Meter
Mittelgebirge „ 500-1500 M.
Hügelland „ 200-500 „
Tiefland bis 200 Meter

ORTE über 500000 Einwohner
Orte „ 100000 „
Orte „ 50000 „
Orte unter 50000 „

Maßstab 1:6000000

Kilometer. (1 cm = 60 km)

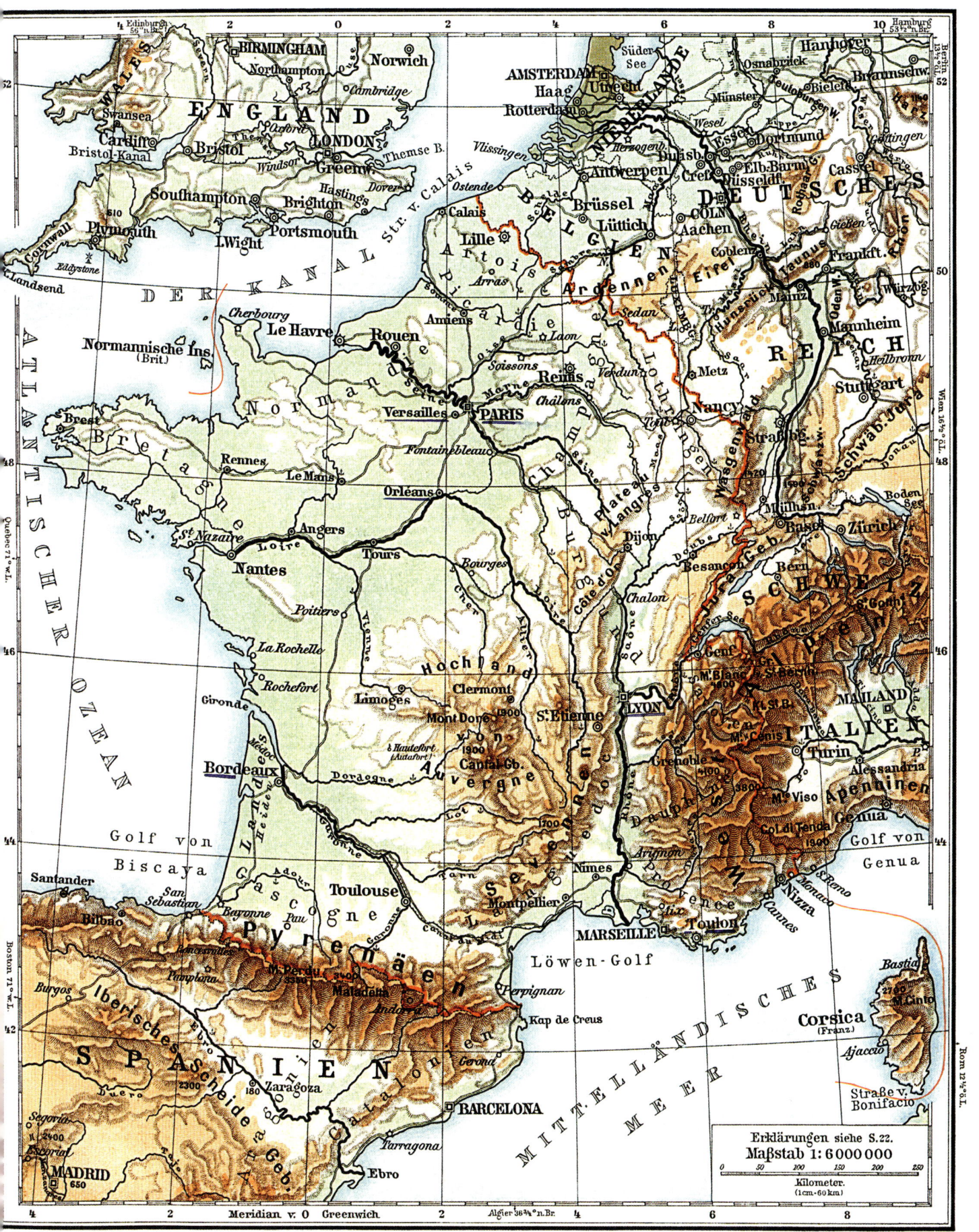

Sundzoll (1350) 1856 abgelöst. Nordostseekanal (Kaiser Wilhelm-Kanal) 1895 eingeweiht. Gründung des Norddeutschen Lloyd in Bremen 1857.

Siehe auch S.16. □ Deutsche Kolonien ■ Britische Kolonien

Hochgebirge über 1500 Meter
Mittelgebirge " 500–1500 M.
Hügelland " 200–500 "
Tiefland von 0–200 "
Senkungen unt. d. Meeressp.

Wichtigste Eisenbahnlinien
Watten ——— Kanäle

□ **ORTE** über 500 000 Einwohner
⊚ **Orte** " 100 000 "
⊙ **Orte** " 50 000 "
○ **Orte** unter 50 000 "

Maßstab 1 : 6 000 000
50   0   50   100   150   200
Kilometer
(1 cm · 60 km.)

Wanderung der Dünen
auf der Kurischen
Nehrung.

Deutsche Dampferfahrten in das Kolonialgebiet 1884. Postdampferfahrten von Bremen nach Ostasien u. Australien 1886.

8 10 Drontheim 63½°n. 12 14 16 18 20 St. Petsbg 30°ö.L. 22 Hammerfest 24

Tobolsk 58°½°ö.L. 58

Reval

Dagö

Dannemora
Upsala
Ålands-I⁹⁺

Rigaer Meer-busen

Riga

Windau

56
Moskau 37½°ö.L.

Libau

Memel

Königsberg Insterbg.
Tilsit
Danziger Bucht
Danzig Elbing
Graudenz
Bromberg
WARSCHAU

DÄNEMARK
Kopenhagen
Seeld.
Malmö
Bornholm (Dän.)
Rügen
Usedom
Wollin

Allmähliche Entstehung der Süder-See.

Binnensee Flevo
Zeit der Römer

Flevo-See
4.-7. Jahrh.

1170

1237

Land-Gewinn u. Verlust an der Nordseeküste von Flandern bis Jütland

Süder-See, Dollart, Jadebusen 4-14. Jahrh. 1277 1218		Jahrh.
		13.
		14.
	825 qkm	15.
Größe der Marsch-länder durch dieses Quadrat dargestellt =23000 qkm d.i. 1½ × Königr. Sachsen	522	16.
894 qkm		17.
880 qkm		18.
440		19.

1395

Süder-See

Süder-See

Nord-Friesland seit 1241

Watten und versunkenes Land

Föhr
Halligen
Nordstrand

Gewinn: 2590 qkm

Verlust: 5000 qkm

„Wer nicht will deichen, muß weichen"

Durch Trockenlegung des im 17. Jahrh. entstandenen Haarlemer Meeres wurden 600 qkm Land gewonnen. 1500-2000 qkm Watten sollen noch durch Dammbauten allmählich in anbaufähiges Land verwandelt werden. Durch die geplante Trockenlegung der Sü-der-See würden 2160 qkm gewonnen.

Seewind   1869   jährl. Durchschn. 5½ m (nach Berendt).
K. Haff   K. Haff

6   8   Genua 44½°n.Br. 10   12   Rom 42°n.Br. 14

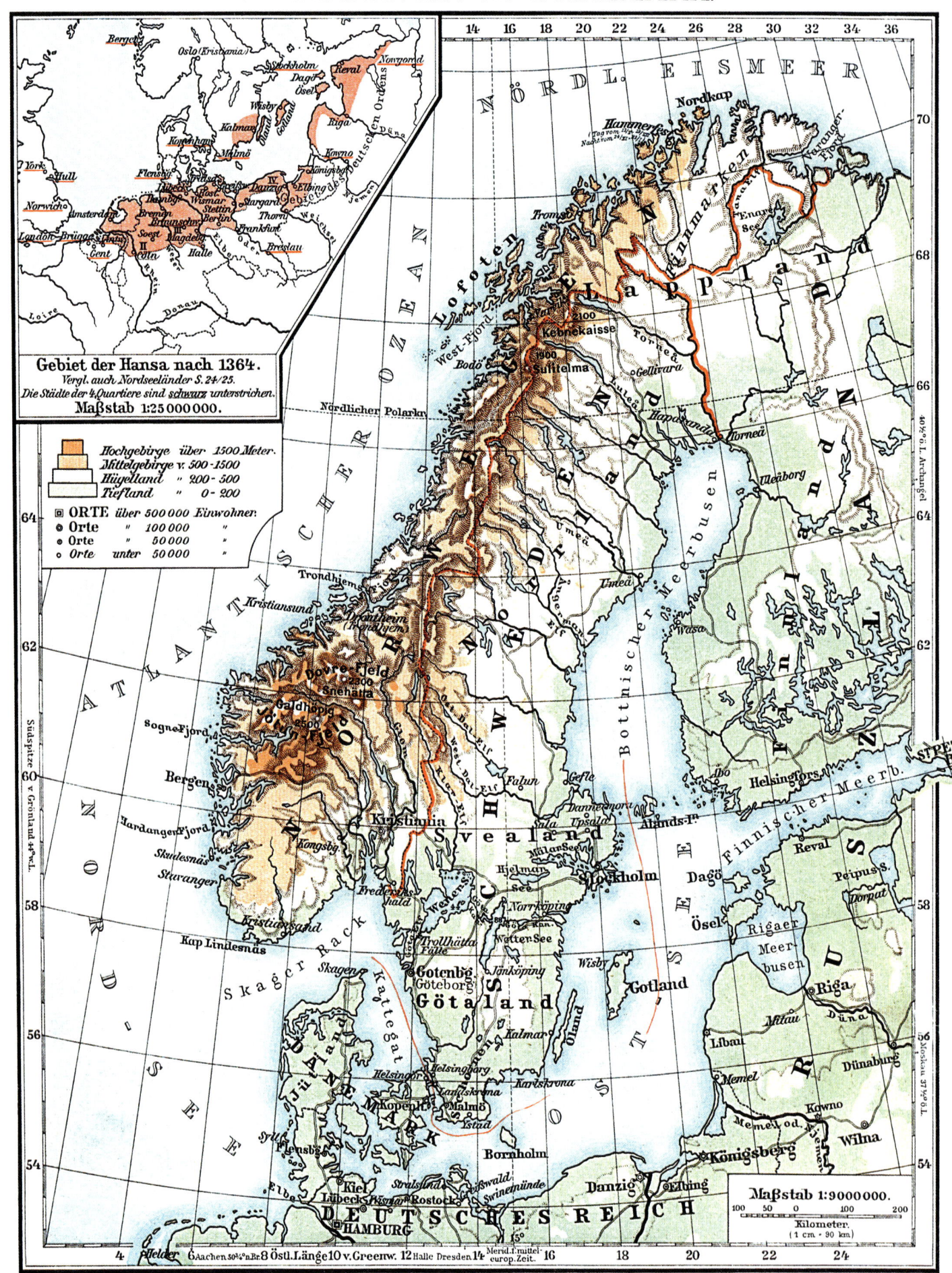

Gebiet der Hansa nach 1364.
Vergl. auch Nordseeländer S. 24/25.
Die Städte der 4 Quartiere sind <u>schwarz</u> unterstrichen.
Maßstab 1:25 000 000.

Hochgebirge über 1500 Meter.
Mittelgebirge v. 500–1500 „
Hügelland „ 200–500 „
Tiefland „ 0–200 „

ORTE über 500 000 Einwohner:
Orte „ 100 000 „
Orte „ 50 000 „
Orte unter 50 000 „

Maßstab 1:9 000 000.
100   50   0   100   200
Kilometer.
(1 cm = 90 km)

Zur Lage u. Größenvergleichung mit Deutschland siehe S. 8 u. 13; Sonnenhöhe siehe S. 36; Januartemperatur siehe S. 12.
Welche 12 Orte dieser Karte werden in den Wetterberichten genannt?

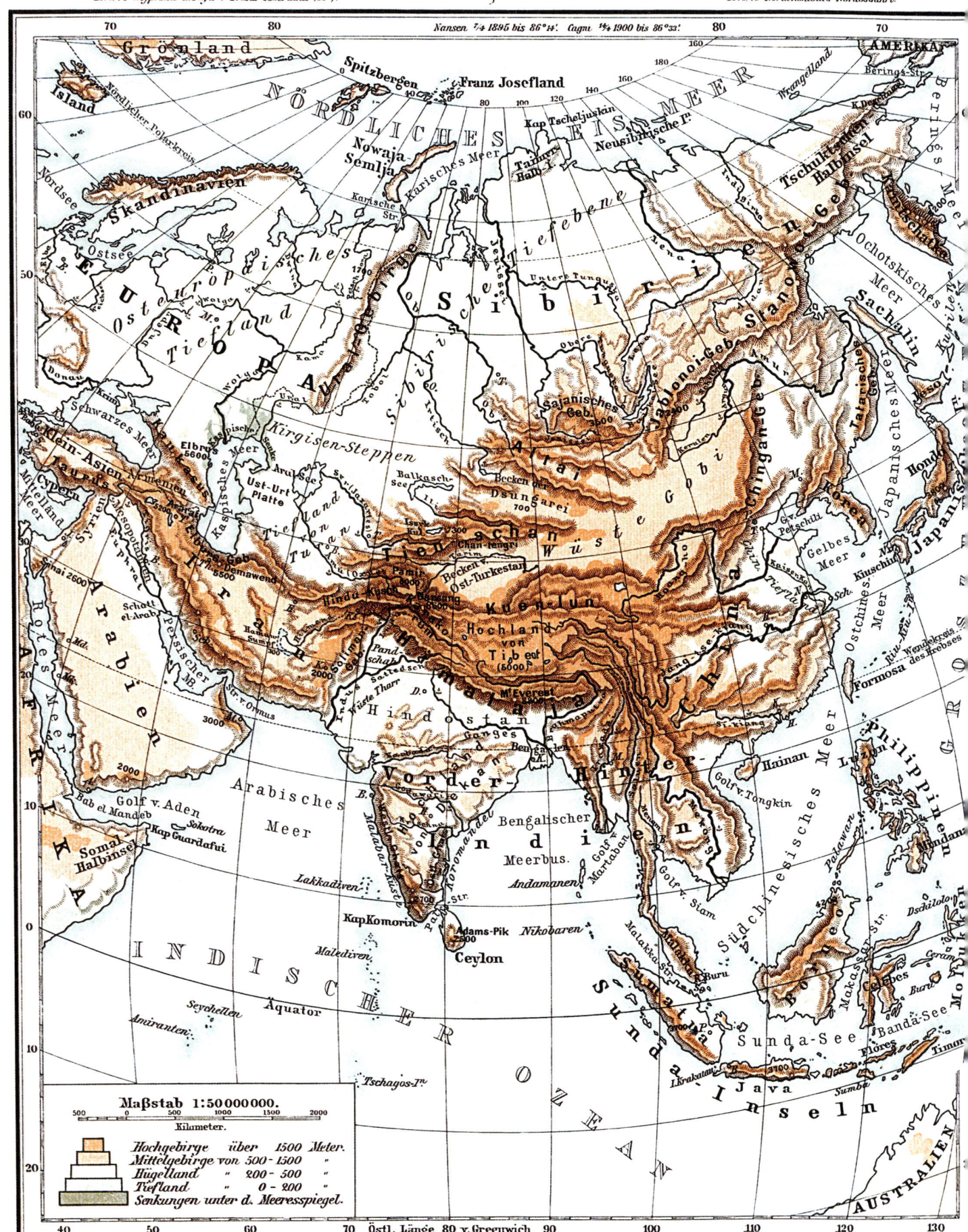

Vasco de Gama landet 1498 an d. Küste v. Malabar.   *Siehe auch Halbkugeln S. 5.*   *Marco Polo dringt um 1300 vom Schwarzen Meer bis China vor.*
   ≈ *Beginn der Flußschiffahrt.*

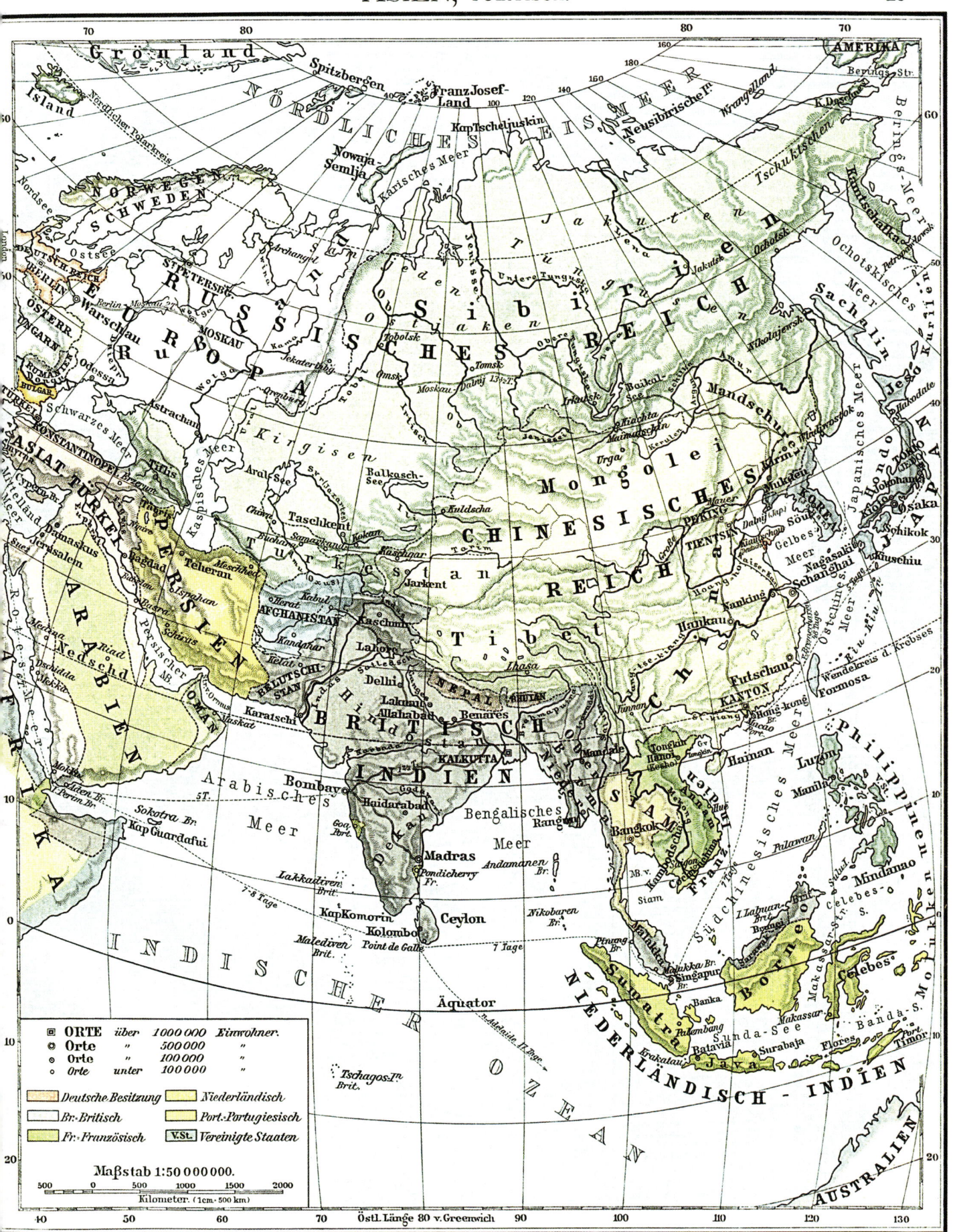

ASIEN, POLITISCH

Grönland · Spitzbergen · Franz-Josef-Land · AMERIKA · Berings-Str.
Island · Nördlichen Polarkreis · NÖRDLICHES EISMEER · Kap Tscheljuskin · Neusibirische I. · Wrangelland · K. Deschn.

NORWEGEN · SCHWEDEN · Nowaja-Semlja · Karisches Meer · Tschuktschen · Kamtschatka-Halb

Ostsee · Archangel · Ob · SIBIRISCHES · Jana · Jakuten · Ochotskisches Meer · Sachalin
DEUTSCH · BERLIN · St. Petersb. · RUSSISCHES · Tobolsk · Obere Tunguska · Jakutsk · Nikolajewsk · Kurilen
ÖSTERR · Berlin · Warschau · Jekaterinb. · Omsk · Tomsk · Jenissei · Irkutsk · Baikal-See · Amur · Wladiwostok Meer
UNGARN · MOSKAU · Moskau-Dalnij · Mandschurei · JAPAN · Hakodate
RUMÄN · Odessa · Wolga · Kirgisen · Mongolei · Urga · Kiachta · Mukden · Hondo · TOKIO
BULGAR · Schwarzes Meer · Astrachan · Aral-See · Balkasch-See · CHINESISCHES · PEKING · Gelbes Meer · Yokohama
TÜRKEI · KONSTANTINOPEL · Kaspisches Meer · Syr-darja · Taschkent · Kuldscha · TIENTSIN · Schanghai · Nagasaki · KIOTO · OSAKA
ASIAT. TÜRKEI · TIFLIS · Buchara · Kaschgar · Turfan · REICH · Hoang-ho · Nanking · Ostchines. · Kiuschiu
Cypern Br. · Mittelländ. Meer · Damaskus · PERSIEN · Teheran · Meschhed · Jarkent · Tibet · Hankau · Meer · Riu-Kiu I.
Jerusalem · Bagdad · Ispahan · AFGHANISTAN · Kabul · Lhasa · Futschau · Formosa
Medina · Basra · Schiras · Kaschmir · Kandahar · KANTON · Wendekreis d. Krebses
ARABIEN · Nedschd · BELUTSCHI-STAN · Lahore · Yünnan · Hong-kong Br. · Macao Br.
AFRIKA · Maskat · OMAN · Delhi · NEPAL · BHUTAN · Mandalei · Tongking · Hainan · Philippinen
Aden Br. · Karatschi · BRITISCH · Lahnu · Allahabad · Benares · Hanoi · Luzon · MANILA
Sokotra Br. · Kap Guardafui · Bombay · Haidarabad · INDIEN · KALKUTTA · Franz. · Mindanao
Arabisches Meer · Goa Port. · Dekan · Bengalisches Meer · Rangun · SIAM · Bangkok · Südchinesisches Meer · Palawan · Celebes-S.
Madras · Pondicherry Fr. · Andamanen Br. · Siam · Borneo · Celebes
Lakkadiven Brit. · Kap Komorin · Ceylon · Nikobaren Br. · Malakka · Timor
Maledivven Brit. · Kolombo · Point de Galle · Singapur Br. · NIEDERLÄNDISCH-INDIEN · Banda-S.
INDISCHER · Äquator · Sumatra · Batavia · Java · Surabaja · Flores
Tschagos I. Brit. · OZEAN · Krakatau · Sunda-See · Makassar · AUSTRALIEN

Legend:

⊡ ORTE	über 1 000 000 Einwohner.
◉ Orte	" 500 000 "
◎ Orte	" 100 000 "
○ Orte	unter 100 000 "

Deutsche Besitzung	Niederländisch
Br.=Britisch	Port.=Portugiesisch
Fr.=Französisch	V.St.=Vereinigte Staaten

Maßstab 1:50 000 000.

500   0   500   1000   1500   2000
Kilometer. (1cm.=500 km.)

Zur transsibirischen Bahnlinie siehe die Eisenbahn auf S. 13. — Siehe auch Karte S. 5. u. die Darstellung
der Beleuchtungs- u. Wärmezonen, der Flußlängen u. des Durchschnittes durch Hochasien S. 36.

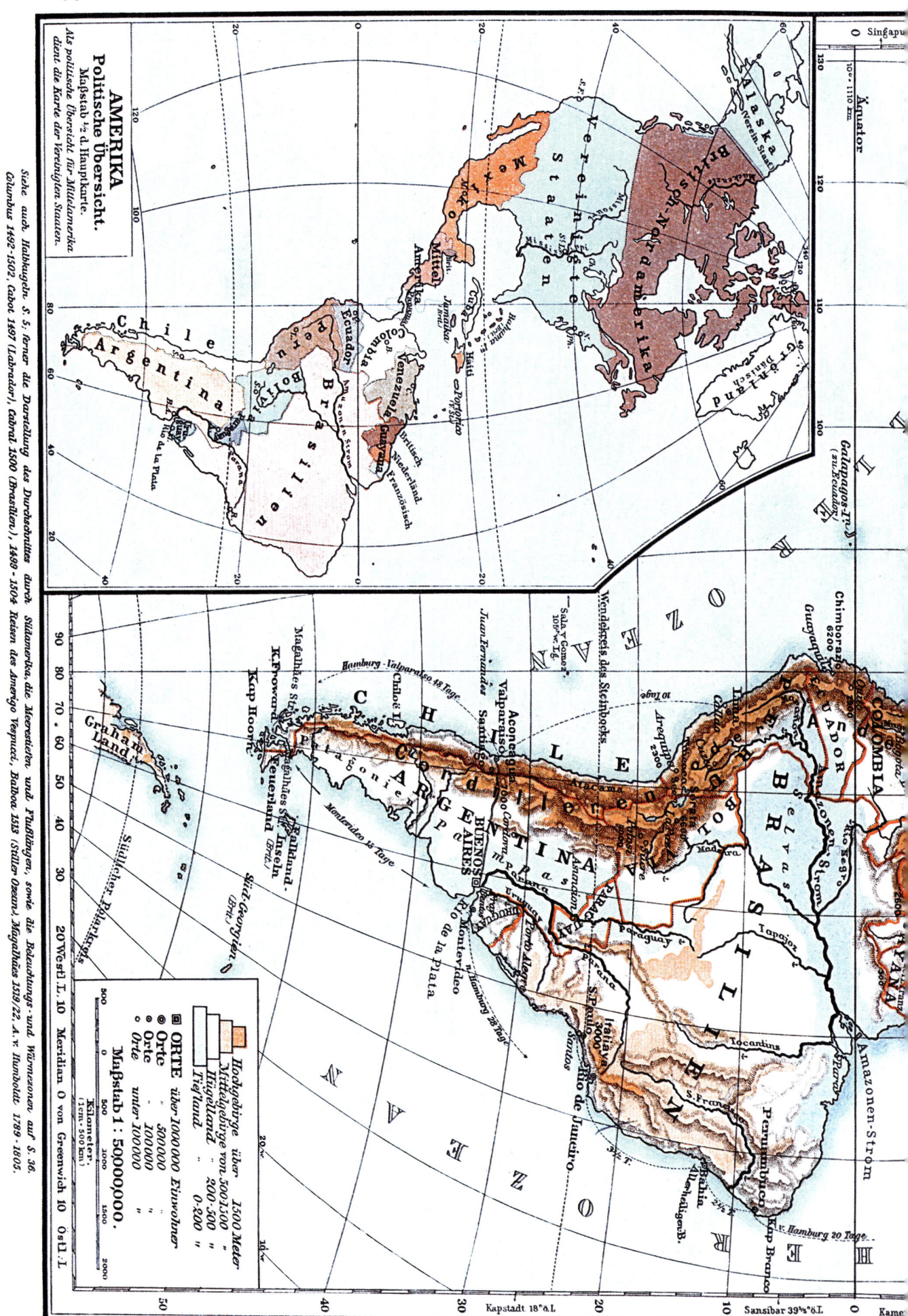

AMERIKA
Politische Übersicht.
Maßstab ½ d. Hauptkarte.
Als politische Übersicht für Mittelamerika
dient die Karte der Vereinigten Staaten.

Siehe auch: Halbkugeln S. 5; ferner die Darstellung des Durchschnittes durch Südamerika, die Meerestiefen, und Flußläufen, sowie die Beleuchtungs- und Wärmezonen auf S. 36.
Columbus 1492-1502, Cabot 1497 (Labrador), Cabral 1500 (Brasilien), 1499-1504 Reisen des Amerigo Vespucci, Balboa 1513 (Stiller Ozean), Magalhães 1519/22, A. v. Humboldt 1789-1805.

AMERIKA.

1850/54 entdeckt Mac Cure die nordwestl. Durchfahrt.

1830 entdeckt Roß den magnetischen Nordpol.

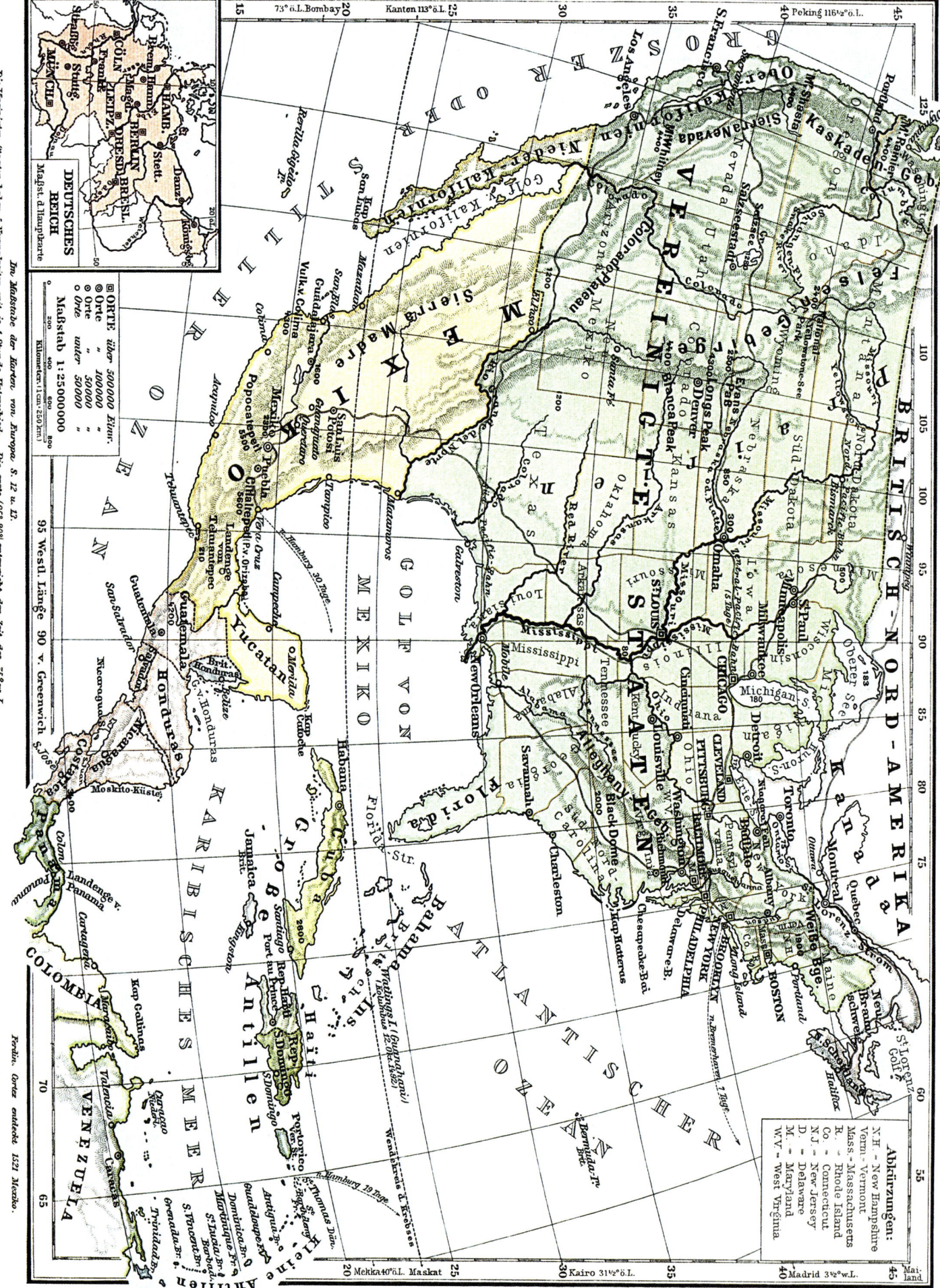

32

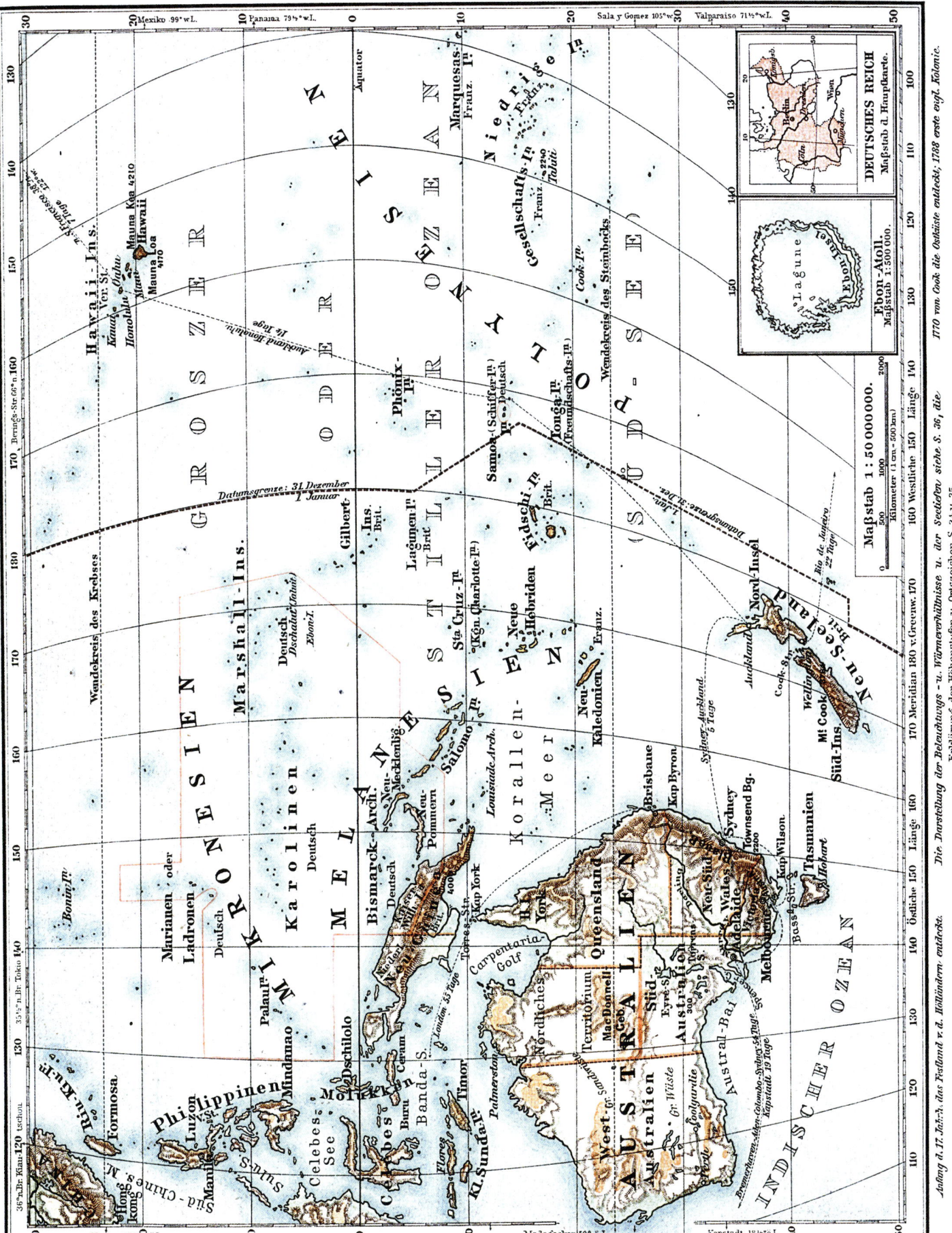

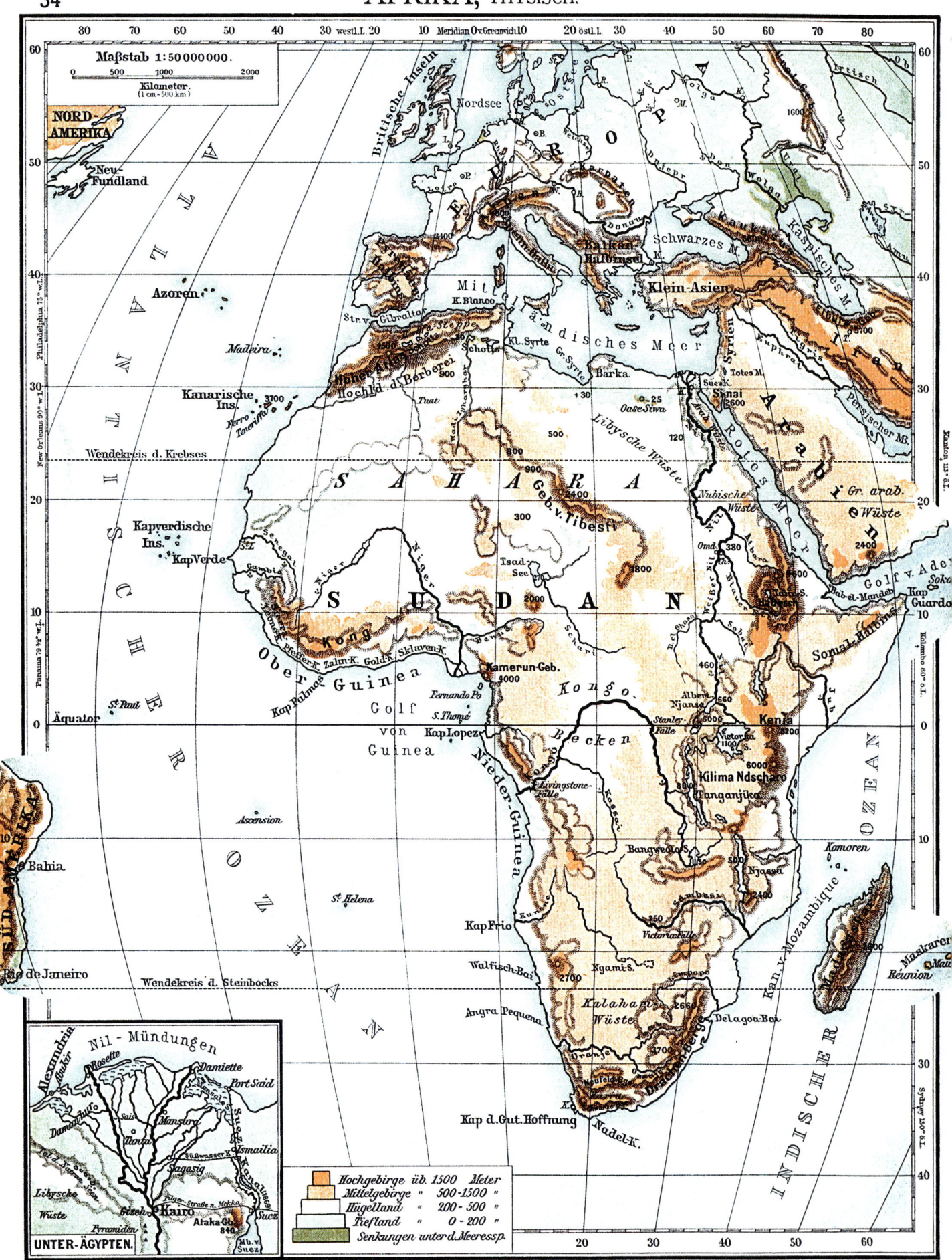

Maßstab 1:50 000 000.

Kilometer.
(1 cm = 500 km)

NORD-AMERIKA

Neu-Fundland

Azoren

Madeira

Kanarische Ins.

Wendekreis d. Krebses

Kapverdische Ins.
Kap Verde

Äquator

St. Paul

Ascension

St. Helena

Wendekreis d. Steinbocks

Rio de Janeiro

Bahia

SÜD-AMERIKA

Nordsee

Britische Inseln

EUROPA

Mittelländisches Meer

K. Blanco

Str. v. Gibraltar

Hochld. d. Berberei

Schwarzes M.

Klein-Asien

Kaspisches M.

Balkan Halbinsel

Kl. Syrte Gr. Syrte

Barka

Oase Siwa

Suez K.

Sinai

Rotes Meer

Arabien

Persischer MB.

Gr. arab. Wüste

Golf v. Aden

Kap Guardafui

SAHARA

Geb. v. Tibesti

Libysche Wüste

Nubische Wüste

Tsad See

SUDAN

Somal-Hochland

Niger

Senegal

Gambia

Kong

Ober Guinea

Kap Palmas Pfeffer-K. Zahn-K. Gold-K. Sklaven-K.

Kamerun-Geb.

Fernando Po

Golf von Guinea

Kap Lopez

S. Thomé

Kongo-Becken

Stanley-Fälle

Kenia

Kilima Ndscharo

Tanganjika

Albert Njanza

Victoria-S.

Nieder-Guinea

Livingstone-Fälle

Kassai

Bangweolo S.

Njassa

Komoren

INDISCHER OZEAN

ATLANTISCHER OZEAN

Kap Frio

Walfisch-Bai

Ngami S.

Sambesi

Victoriafälle

Kalahari Wüste

Angra Pequena

Oranje

Delagoa-Bai

Drakenberge

Kap d. Gut. Hoffnung

Nadel-K.

Madagaskar

Maskaren

Réunion

Mauritius

Kan. v. Mozambique

Nil-Mündungen

Alexandria
Rosette
Damiette
Port Said
Sais
Mansura
Ismailia
Tanta
Sagasig
Süßwasser K.
Libysche Wüste
Gizeh Kairo
Pyramiden
Suez
Ataka-Geb. 840
Mb. v. Suez

UNTER-ÄGYPTEN.

	Hochgebirge üb. 1500 Meter
	Mittelgebirge " 500–1500 "
	Hügelland " 200–500 "
	Tiefland " 0–200 "
	Senkungen unter d. Meeresspiegel

Maßstab der Karten S. 28, 29, 30/31 u. 33. - Siehe Darstellung der Berghöhen u. Flußlängen, sowie der Beleuchtungs- u. Wärmezonen auf S. 36.
∴ Beginn der Flußschiffahrt.

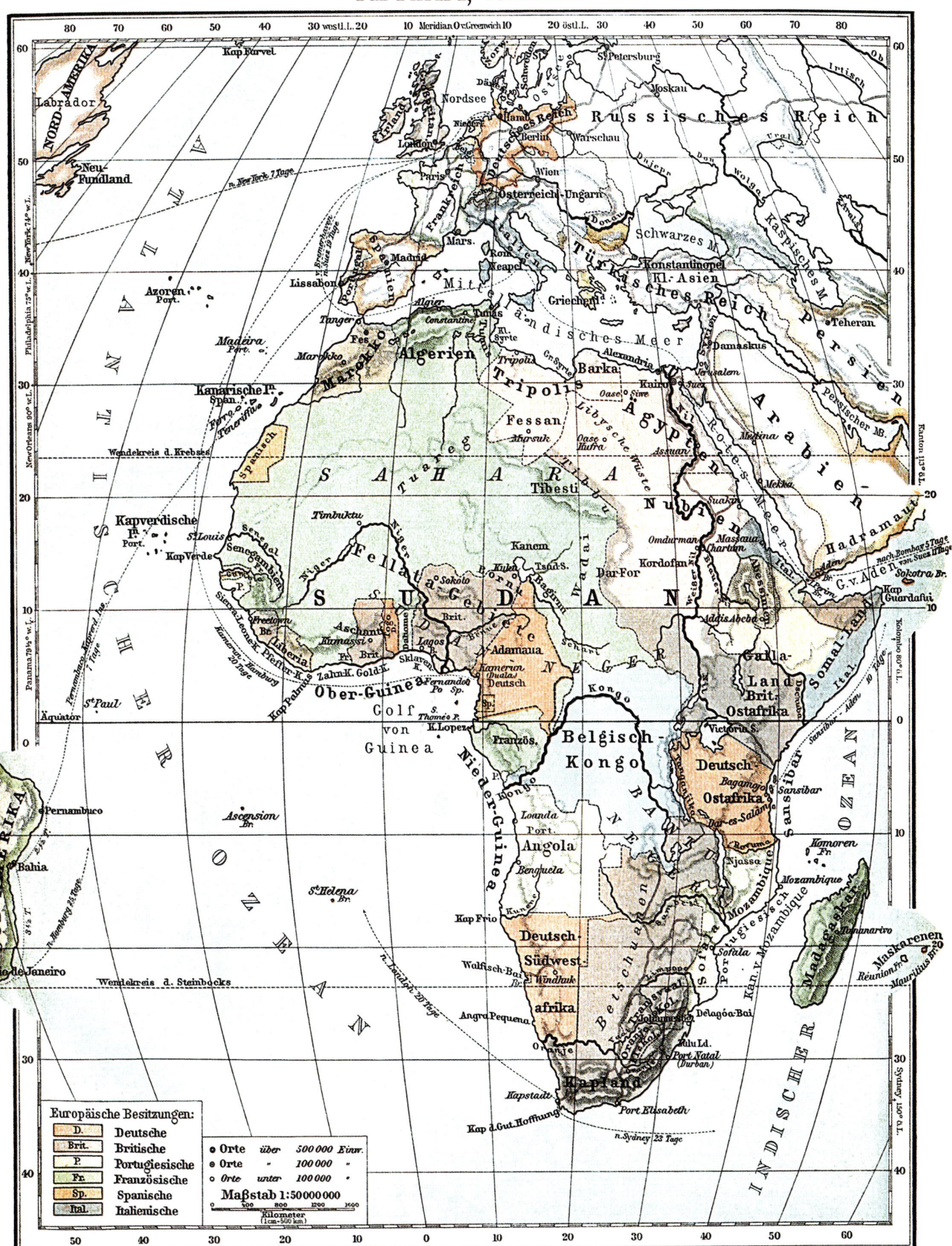

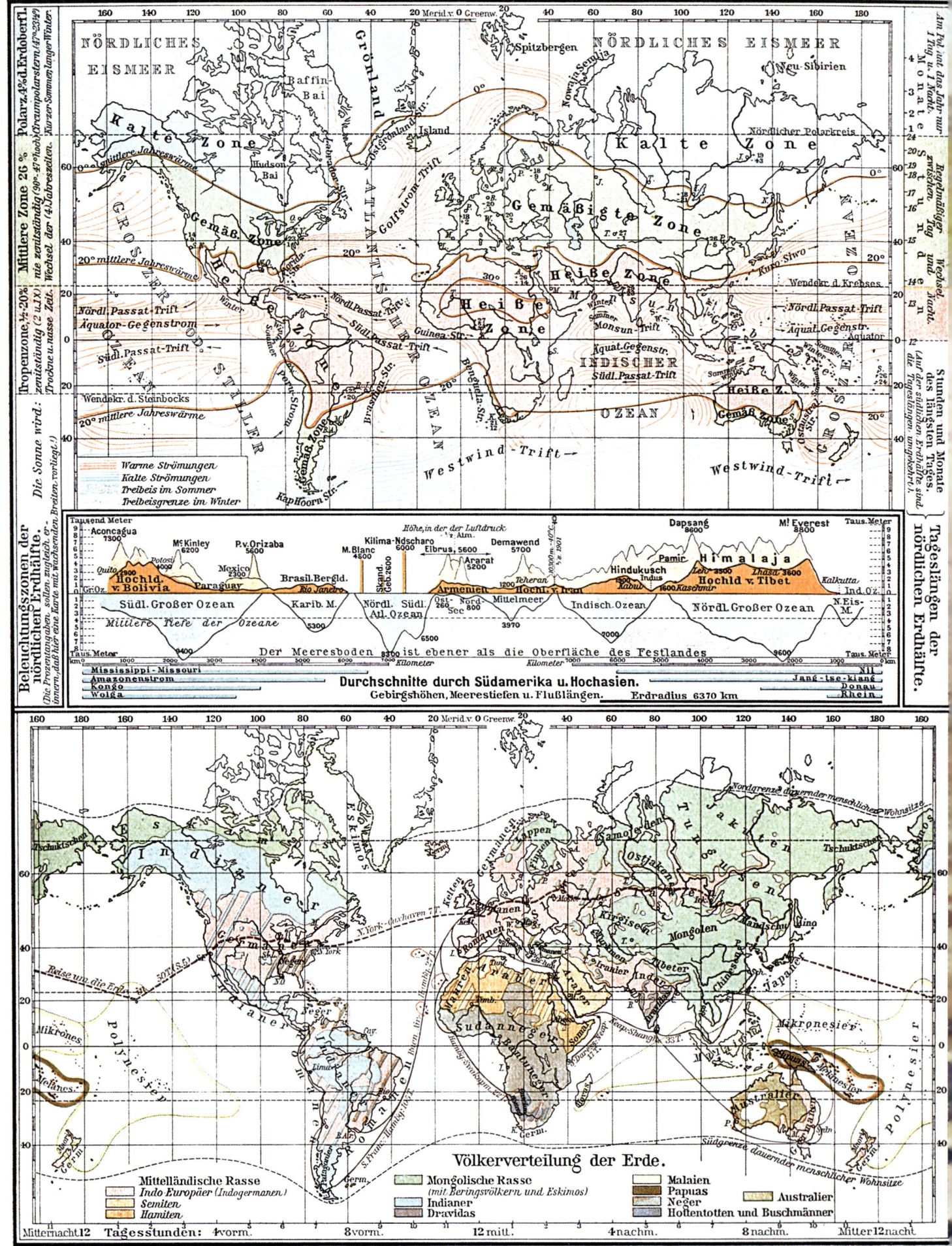

Durchschnitte durch Südamerika u. Hochasien.
Gebirgshöhen, Meerestiefen u. Flußlängen. Erdradius 6370 km

Völkerverteilung der Erde.

Mittelländische Rasse
  Indo Europäer (Indogermanen)
  Semiten
  Hamiten
Mongolische Rasse
  (mit Beringsvölkern und Eskimos)
  Indianer
  Dravidas
Malaien
Papuas
Neger
Hottentotten und Buschmänner
Australier

Diese Karten sind nicht flächentreu (Grönland z.B. erscheint über 3 mal so groß als Australien, während das umgekehrte Verhältnis stattfindet — vgl. S. 31 u. 33!); doch ist die Ähnlichkeit der Länderformen gewahrt.

Geographische Bilder

Geographische Bilder

zum

VOLKSSCHUL-ATLAS

von

RUDOLF SCHMIDT

Verlag von Velhagen & Klasing in Bielefeld und Leipzig.

Kaukasische Rasse: Germane.

Mongolische Rasse: Chinese.

Negerrasse: Guinéaneger.

Amerikanische Rasse: Dakòtaindianer.

Australier aus Neusüdwales.

Hottentotte: Koi-Koin.

Menschenrassen.

Das Donautal bei der Walhalla.   (Atlas S. 6/7 u. 9.)

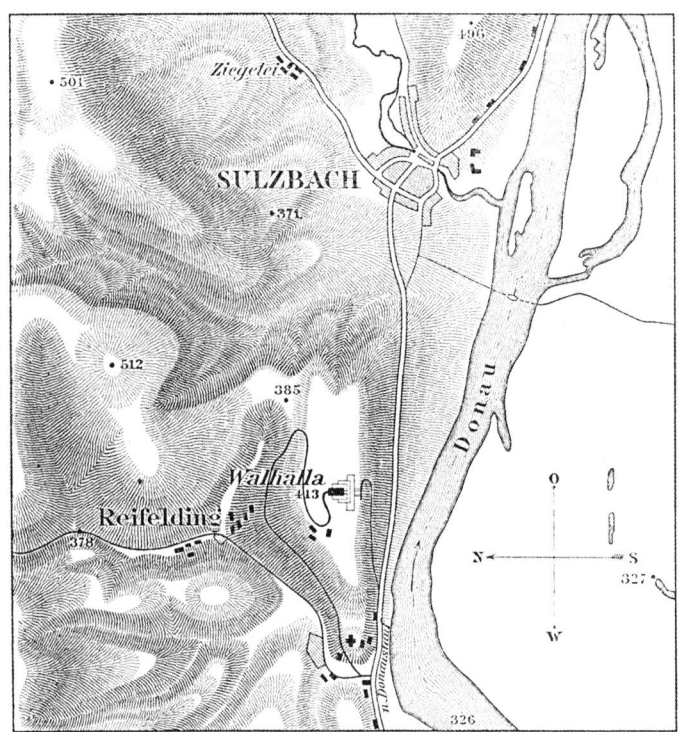

Karte von der Umgebung der Walhalla.

Walhalla, von Süden gesehen.

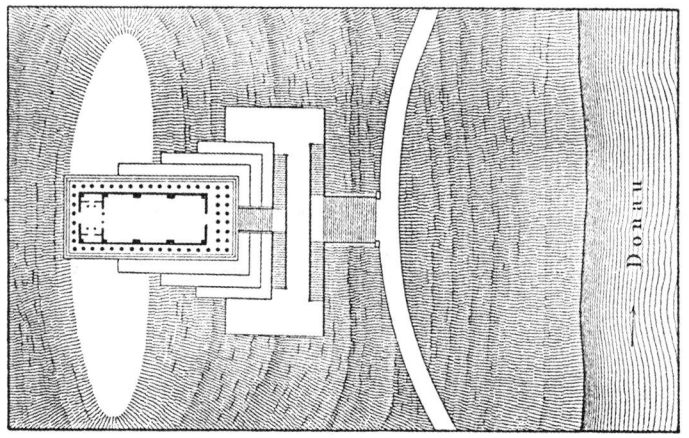

Grundriß der Walhalla.

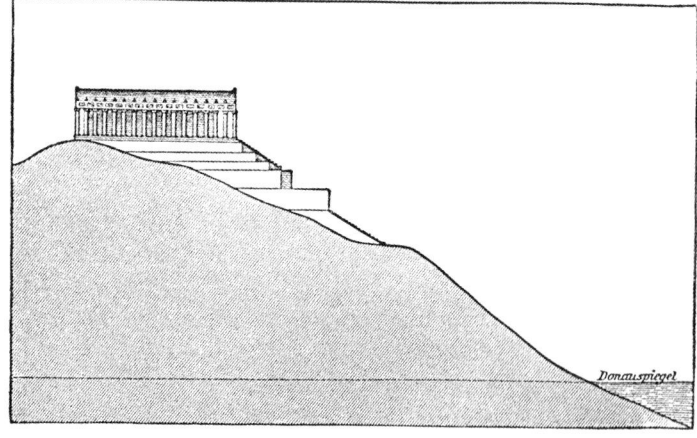

Aufriß der Walhalla.

Deutsche Ruhmeshalle „Walhalla" bei Regensburg.

Postfahrt durch das Wattenmeer im Sommer.
(Atlas S. 6/7.)

Postfahrt durch das Wattenmeer im Winter. (Atlas S. 6/7.)
(Nach einer Photographie von W. Dreesen in Flensburg.)

Helgoland. (Atlas S. 6/7.)
(Nach einer Photographie von F. Schensky in Helgoland.)

Nordspitze von Helgoland. (Atlas S. 6/7.)
(Nach einer Photographie von F. Schensky in Helgoland.)

Holländische Marschenlandschaft. (Atlas S. 6/7.)

Fleet bei der Reimersbrücke in Hamburg, mit Katharinenkirche.   (Atlas S. 10/11.)
(Nach einer Photographie im Verlag von Conrad Döring, Hamburg.)

Bremerhaven, vom Leuchtturm gesehen.   (Atlas S. 10/11.)

Brandung bei Warnemünde. (Atlas S. 6/7.)
(Nach einer Photographie von F. Görke in Berlin.)

Der Königsstuhl. (Atlas S. 6/7.)
(Nach einer Photographie im Verlag von Arthur Schuster in Stettin.)

Wellenbrecher bei Heringsdorf. (Atlas S. 6/7.)
(Nach einer Photographie von Carl Bock in Anklam.)

Große kurische Wanderdüne. (Atlas S. 6/7.)
(Nach einer Photographie von Gottheil & Sohn in Königsberg.)

Hochbrücke bei Levensau. (Atlas S. 6/7.)
(Nach einer Photographie von A. Renard in Kiel.)

Fischer von Dievenow. (Atlas S. 6/7.)
(Nach einer Photographie von G. Quase in Berlin.)

Hansisches Kriegsschiff des 13. Jahrhunderts.

Die neue Brücke von Harburg nach Hamburg.
(Nach einer Photographie von Max Wichmann, Harburg.)

Schnelldampfer „Kaiser Wilhelm der Große".
(Nach einer Photographie im Besitze des Norddeutschen Lloyd.)

Leuchtturm bei Neufahrwasser.
(Atlas S. 6/7.)

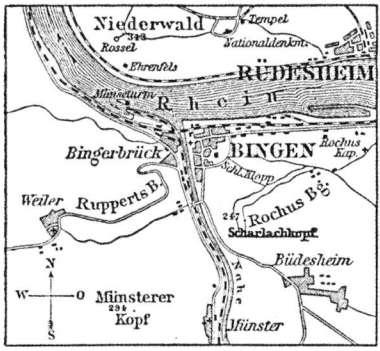

Kartenskizze der Nahemündung
in der gebräuchlichen Lage.

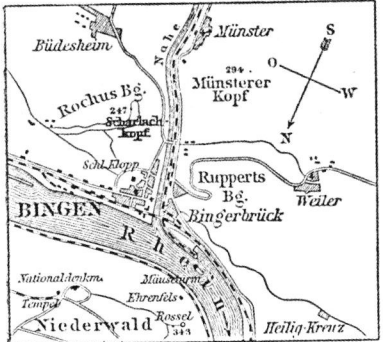

Kartenskizze der Nahemündung
zu untenstehendem Bilde.

Lüneburger Heide. (Atlas S. 6/7.)
(Nach einem Anschauungsbild aus dem Verlag von F. E. Wachsmuth in Leipzig.)

Nahemündung, Bingen, Scharlachkopf und Bingerbrück. (Atlas S. 6/7.)

Aus der Eifel. (Atlas S. 6/7.)
(Nach einer Photographie von Stengel & Co. in Berlin.)

Lorelei. (Atlas S. 6/7.)

Nationaldenkmal auf dem Niederwald.
(Atlas S. 6/7.)
(Siehe Kartenskizze auf der vorigen Seite.)

Schalkenmehrener Maar in der Eifel. (Atlas S. 6/7.)
(Nach einer Photographie von Stengel & Co. in Berlin.)

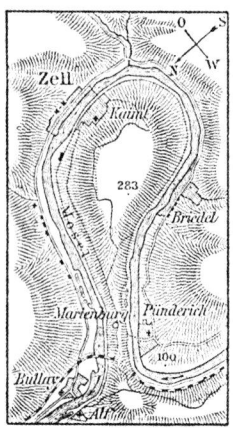

Moselschleife
bei der Marienburg.

Die Marienburg an der Mosel. (Atlas S. 6/7.)
(Nach einer Photographie von Sophus Williams in Berlin.)

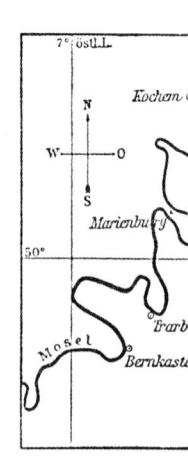

Moselwindung

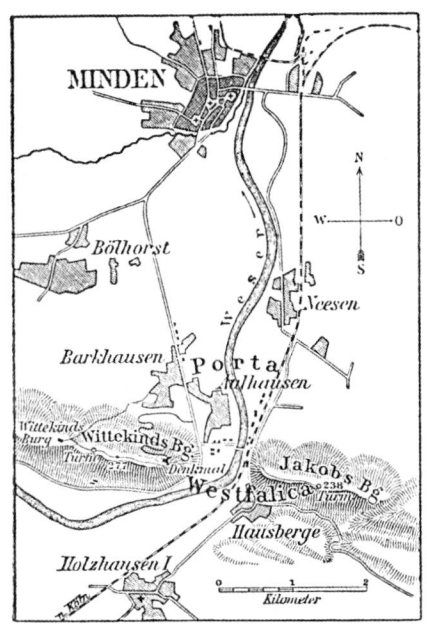

Westfälische Pforte.   Westfälische Pforte, im Hintergrunde Minden. (Atlas S. 6/7.)

Goslar. (Atlas S. 10/11.)

(Nach einer Photographie von F. Rose in Wernigerode.)

Eingang ins Bodetal. (Atlas S. 6/7.)
(Nach einer Photographie von F. Rose in Wernigerode.)

Hermannshöhle, blaue Grotte. (Atlas S. 6/7.)
(Nach einer Photographie von F. Rose in Wernigerode.)

Blick über Eisenach nach der Wartburg. (Atlas S. 10/11.)

— I I —

Schwarzburg vom Trippstein aus gesehen.   (Atlas S. 6/7.)
(Nach·einer Photographie von Junghanns & Koritzer, Leipzig-Meiningen.)

Sonneberg in Thüringen.   (Atlas S. 6/7.)
(Nach einer Photographie von Horn & Sohn in Sonneberg.)

Bastei in der Sächsischen Schweiz. (Atlas S. 6/7.)
(Nach einer Original-Aufnahme der Photoglob-Co. in Zürich.)

Wiesenthal am Fichtelberg im Erzgebirge. (Atlas S. 6/7.)
Höchstgelegene Stadt Deutschlands. (914—924 m.)

Panorama des Riesengebirges mit Warmbrunn.   (Atlas S. 6/7.)

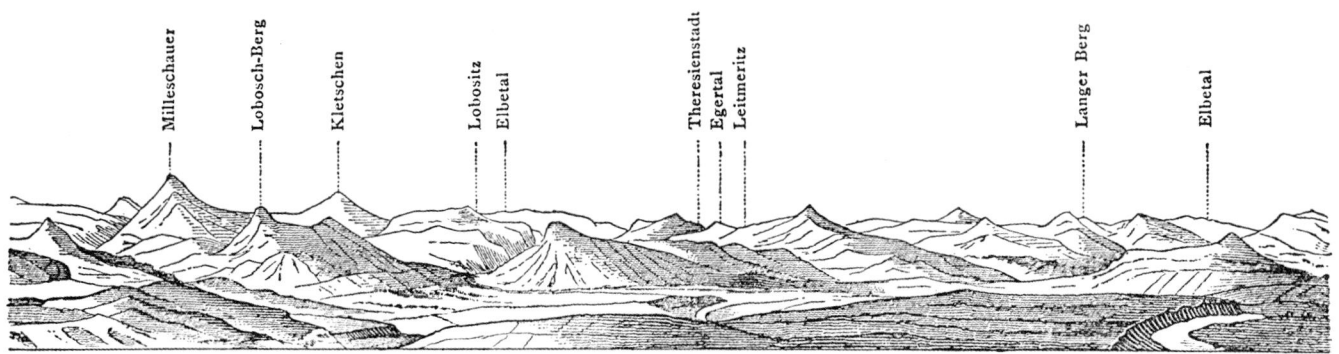

Das böhmische Mittelgebirge (nach Hochstetter).   (Atlas S. 6/7.)
(Beispiel eines Kuppen- oder Kegelgebirges.)

Wolfach im Schwarzwald.   (Atlas S. 6/7.)
(Kinzigtal.)

Die Burg Hohenzollern. (Atlas S. 6/7.)
(Nach einer Aufnahme der Photoglob-Co. in Zürich.)

Bodensee. (Atlas S. 6/7.)

Nordabhang des schwäbischen Jura. Im Vordergrund Urach. (Atlas S. 6/7 u. 10/11.)

Lindau im Bodensee. (Atlas S. 6/7.)
(Nach einer Photographie von Römmler & Jonas in Dresden.)

Hohenschwangau, Schwan- und Alpsee. (Atlas S. 6/7.)
(Nach einer Photographie von Römmler & Jonas in Dresden.)

Oberbayrische Tracht. (Atlas S. 6/7.)
(Nach einer Photographie von J. Reitmayer in Tegernsee.)

Mittenwald mit dem Karwendelgebirge. (Atlas S. 6/7 und 14.)
(Nach einer Photographie von F. Gratl in Innsbruck.)

Zugspitzgrat. (Atlas S. 6/7 u. 14.)
(Nach einer Photographie von B. Johannes in Partenkirchen.)

Erdpyramiden am Ritten in Tirol. (Atlas S. 6/7 u. 14.)
(Nach einer Photographie von F. Gratl in Innsbruck.)

Riva am Gardasee. (Atlas S. 14.)
(Nach einer Photographie von Würthle & Sohn, Salzburg.)

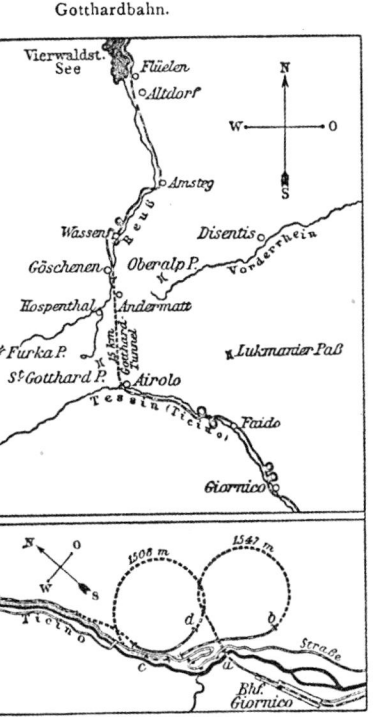

Gotthardbahn.

Kehrtunnel bei Giornico.

d. (556 m.)

c. (521 m.)

b. (496 m.)

a. (460 m.)

Gotthardbahn bei Giornico in der Schweiz.   (Atlas S. 17.)

Lauterbrunnen mit Staubbachfall.   (Atlas S. 17.)

(Nach einer Photographie von Gebr. Wehrli in Kilchberg.)

Besteigung des Montblanc. (Atlas S. 14/15.)
(Nach einer Originalaufnahme der Photoglob-Co. in Zürich.)

Ticinoschlucht bei Faido. (Atlas S. 17.)
(Siehe Karte vorige Seite.)

Die Pußten. (Atlas S. 15.)

Dieses Blatt ist als große farbige Anschauungstafel im Verlage F. E. Wachsmuth, Leipzig, erschienen.

Venedig. (Atlas S. 15.)
(Eingang in den Canal grande.)
(Nach einer Originalaufnahme der Photoglob-Co. in Zürich.)

Venedig und die Lagunen. (Atlas S. 15.)

Neapel mit dem Vesuv. (Atlas S. 21.)

Herabfließende Lava. (Atlas S. 21.)

Das Goldene Horn und Konstantinopel. (Atlas S. 20.)

Bosporus. (Atlas S. 20.)

Vom Vulkane ausgeschleuderte Lavaklumpen. (Atlas S. 21.)
(Liparische Inseln.)
(Aus: Weltall und Menschheit, Verlag des Deutschen Verlagshauses, Bong & Co., Berlin.)

Vesuv-Ausbruch bei Nacht. (Atlas S. 21.)

Aus dem Vulkangebiet der Auvergne. (Atlas S. 23.)

Gibraltar.   (Atlas S. (12/13 u. 22.)

Fingalshöhle auf Staffa.   (Atlas S. 24.)

Finnische Seenplatte.   (Atlas S. 27.)

Hammerfest. (Atlas S. 26.)
(Verkleinerte Abbildung aus Hölzels Geograph. Wandbildern.)

Sörfjord. (Atlas S. 25 f.)
(Zweig des über 100 km langen Hardangerfjord.)

Felsentor auf Torghatten-Norwegen. (Atlas S. 26.)
(Nach einer Photographie von Wilh. Dreesen in Flensburg.)

Nordlicht. (Atlas S. 26.)
(Aus: Weltall und Menschheit. Verlag des Deutschen Verlagshauses, Bong & Co., Berlin.)

Lappen. (Atlas S. 26.)

Das Nordkap, mit Mitternachtssonne. (Atlas S. 26.)

Schwimmender Eisberg im Polarmeer. (Atlas S. 12.)
(Bis über 160 m aus dem Meere hervorragend.)

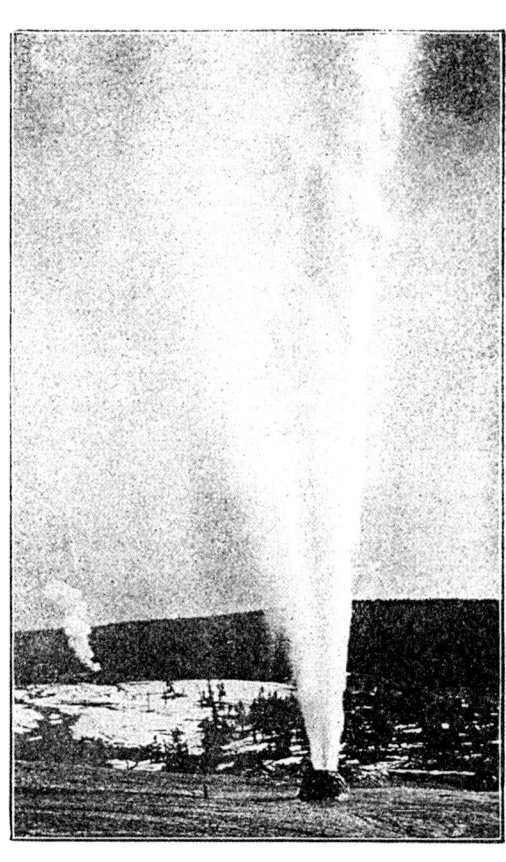

Geysir. (Atlas S. 12.)
(Nach einer Photographie von F. Jay-Haynes & Bro., St. Paul.)

Partie aus dem Khaiberpaß. (Atlas S. 28.)

Tal im Altai-Gebirge. (Atlas S. 28.)

Tiefland von Hindustan. (Palast des Maharadja in Gwalior.) (Atlas S. 28/29.)
(Nach einer Aufnahme im Besitz des Museums für Völkerkunde zu Leipzig.)

Dorf und chinesische Mauer am Nankoupasse. (Atlas S. 29.)
(Nach den Kolonialwandbildern von Dr. A. Wünsche, Serie I von „Land und Leben", aus dem Verlage von Leutert & Schneidewind in Dresden.)

Lößbildungen am Hoangho.   (Atlas S. 28/29.)

Inselvulkan im bengalischen Meerbusen.   (Atlas S. 28.)

Flußtal auf Borneo.   (Atlas S. 28/29.)

Flutwelle im Indischen Ozean an der Küste von Ceylon. (Atlas S. 28/29.)
(Aus: Weltall und Menschheit, Verlag des Deutschen Verlagshauses, Bong & Co., Berlin.)

Koralleninsel (Atoll) in der Südsee. (Atlas S. 33.)
(Aus: Weltall und Menschheit, Verlag des Deutschen Verlagshauses, Bong & Co., Berlin.)

Geländeverschiebung als Wirkung eines Erdbebens in Japan. (Atlas S. 28/29.)
(Aus: Weltall und Menschheit, Verlag des Deutschen Verlagshauses, Bong & Co., Berlin.)

Felslandschaft in der Libyschen Wüste.   (Atlas S. 34.)

Wochenmarkt an der Lagune von Togo.   (Atlas S. 16.)

(Nach den Kolonialwandbildern von Dr. A. Wünsche, Serie I von „Land und Leben", aus dem Verlage von Leutert & Schneidewind in Dresden.)

Steppe bei Windhoek, Deutsch-Südwestafrika. (Atlas S. 16.)
(Nach den Kolonialwandbildern von Dr. A. Wünsche, Serie I von „Land und Leben“, aus dem Verlage von Leutert & Schneidewind in Dresden.)

Tafelberg bei Kapstadt. (Atlas S. 34/35.)
(Verkleinerte Abbildung nach Hölzels Geographischen Wandbildern.)

Mammut-Siedequellen im Nationalpark der Vereinigten Staaten. (Atlas S. 32.)
(Nach einer Photographie von F. Jay-Heynes & Bro., St. Paul.)

Cañon des Colorado.

Niagara-Fall.
(Nach einer Originalaufnahme der Photoglob-Co. in Zürich.)

Hochland von Mexiko. (Atlas S. 32.)
(Verkleinerte Abbildung nach Hölzels Geographischen Wandbildern.)

Im nordwestlichen Teile von Cuba. (Atlas S. 32.)

Mangroveküste in Venezuela.   (Atlas S. 30/31.)
(Verkleinerte Abbildung nach Hölzels Geographischen Wandbildern.)

Pfahldorf auf den Admiralitätsinseln, Bismarck-Archipel.   (Atlas S. 33 u. 16.)
(Nach den Kolonialwandbildern von Dr. A. Wünsche, Serie I von „Land und Leben“, aus dem Verlage von Leutert & Schneidewind
in Dresden.)

Bezeichnung der Aussprache fremder Namen.

Kurzbetonte Silben sind mit ′ versehen, langbetonte mit ^.

Nr. 6/7—10/11. Deutschland etc.
Belle Alliance bählalljángß.
Jjssel eißel.
Namur namühr.
Ryswick reiswéik.
Texel teffel.
Zaandam fândam.
Zuidersee feuberfee.

Nr. 14/15. Österreich-Ungarn.
Sprich cs und cz = tfch in Kécskemet, Móhacs, Múnkacs, Czérnowitz, Wielíczka.
Debreczin bébretzin.
sz = ß in Szégedin, Számos.
s = fch in Kőrös, Máros, Orsowa, Számos, Témesvar.

Nr. 17. Schweiz.
Chaux de Fonds fchoh b'fóng.
Lausanne lofánn.
Montblanc mongbláng.

Nr. 21. Italien.
Sprich c = tfch vor e, i (Cinto, Cívita, Piacénza, Ticîno);
cio = tfcho (Bonifâcio, Mincio, Ajaccio);
ch = k vor e, i (Chiavenna, Ischia, Peschiêra).
Girgenti bfchirbfchénti.
Perugia perûbfcha.
gio = bfcho (Reggio, L. Maggiore);
gli = lj (Cágliari, Gariglîâno, Oglio).

Nr. 22. Pyrenäen-Halbinsel.
Sprich z = ß, j = ch in Aranjuéz, Badajóz, Braganza, Câdiz, Iviza, Jerez, Traz oz Montes, Zaragoza.
Sprich c = ß in Cêuta, Cintra, Mulahacén, Múrcia, Valéncia.
Biscaya wißkája.
Coruña korúnja.
Guadalquivir gwabalkiwîr.
Jucar chúkar.
Minho minjo.
Sevilla fewilja.
Tajo tácho.
Tejo têfchu.

Nr. 23. Frankreich.
Aix äx u. äßß.
Allier alljê.
Amiens amjäng.
Angers angfchê.
Auvergne owérnj.
Avignon awinjóng.
Bayonne bajónn.
Besançon b'fangßóng.
Bordeaux borbô.
Brest bräßt.
Bretagne brötánj.
Calais kaläß.
Châlons fchalóng.
Champagne fchangpánj.
Cherbourg fchärbûr.
Côte d'or koht bôr.
Dauphiné bofinê.
Dijon bifchóng.
Dordogne borbónj.
Doubs bû.
Durance bürángß.
Fontainebleau fongtähnblô.
Garonne garónn.
Gascogne gaßkónj.
Gironde fchiróngb.
le Havre lö âwr.
Isère ifähr.
Landes langb.
Languedoc langgbók.
Le Mans lö máng.
Lille lil.
Limoges limôfch.
Loire loâr.
Lot lót.
Lyon lióng.
Marne marn.
Marseille marßâj.
Mont Cenis mong ßení.
Montpellier mongpeljê.
Mont Perdu mong perbüh.
Nancy nangßî.
Nimes nîm.
Normandie normangbî.
Oise oâß.
Orleans orleáng.
Perpignan perpinjáng.
Poitiers poatjê.
Provence prowángß.
Reims rängß.
Rochefort rofchfôr.
la Rochelle la rofchäl.
Rouen ruáng.
Sambre ßangbr.
Saône ßôn.
Sedan ßebáng.
Seine ßähn.
Soissons ßoaffóng.
Toul tûl.
Toulouse tulûß.
Tours tûr.
Verdun werböng.
Versailles werßâj.

Nr. 24. Grossbritannien und Irland.
Aberdeen äberbîn.
Anglesea änglßi.
Ben Nevis ben nîwiß.
Birmingham börmingém.
Bradford bräbforb.
Brighton breitn.
Bristol briftl.
Cambridge kêmbribfch.
Cheviot tfchîwiöt.
Clyde kleib.
Dover bôwr.
Dublin böblin.
Dundee bönbi.
Forth fôrß.
Glasgow glâßgo.
Greenwich grînitfch.
Hastings hêftingß.
Hull höll.
Humbre hömbr.
Jersey bfchörßi.
Lands-End länbßenb.
Leeds lîbß.
Leith lîß.
Liverpool liw'rpul.
Man männ.
Manchester mäntfcheftr.
Mersey möhrßeh.
Minch mintfch.
Newcastle njukâßl.
Norwich nórritfch.
Nottingham nóttingäm.
Orkney órkneh.
Pentland-Firth péntlänb fôrß.
Plymouth plimmöß.
Portsmouth pôrtßmöß.
Sh = fch (Shannon, Sheffield, Shetland).
Snowdon ßnôbn.
Solway ßólueh.
Southampton ßaußhämtn.
Tyne tein.
Wales uêlß.
Wasch uófch.
Wight ueit.
Windsor uinßr.

Nr. 26. Skandinavien.
Sprich å wie oh in Ålandsinseln, Ångermann Elf, Torneå, Umeå, Luleå;
g = j in Göteborg, Göta Elf;
k = tfch in Jönköping, Norrköping.

Nr. 27. Russland.
w = ff in Bérditschew, Chárkow, Kîjew, Kíschinew, Nikolâjew, Sarâtow.

Nr. 28 u. 29. Asien.
M. Everest maunt éwereft.
Pondicherri pongbifcherrî.

Nr. 30. Südamerika.
Buenos-Ayres buenoß â=ircß.
Chile tfchîle.
Chimborazo tfchimborâffo.
Cordilleren korbiljêren.
Georgetown bfchôrbfchtaun.
Quito kîto.
Rio de Janeiro rio be fchanêru.
Valparaiso walpara=îfo.

Nr. 31. Nordamerika u. Nr. 32. Vereinigte Staaten.
Alleghany ällígänni.
Boothia bûßia.
Boston boftn.
Brooklyn brúklin.
Charleston tfchârlftn.
Chesapeake tfchêßepîkt.
Chicago tfchikâgo.
Delaware béleuêr.
Hudson höbfn.
Long Island long eilänb.
Mackenzie mäckénfi.
Michigan mitfchigän.
Milwaukee miluôki.
Montreal montriôl.
Ohio oheio.
Richmond ritfchmönb.
Rocky Mountains rócki mauntenß.
Vancouvre wänkûwr.
Washington uófchingtn.
Yellowstone jélloftohn.

Nr. 33. Australien.
Adelaide äblehb.
Auckland ôkländ.
Hobart hóbärt.
Melbourne mélbörn.
Murray mörreh.
Queensland kwînßlänb.
Sandwich ßänbuitfch.
Sydney ßibneh.

Nr. 34 u. 35. Afrika.
Algier álfchier.
Madeira mabêra.
Mozambique moßambît.
Réunion reünióng.
Seychellen ßefchéllen.
St. Louis ßänglui.
Tanger tánbfcher.
Vaal wâl.
Verde wérbe.